O ser da compreensão

FICHA CATALOGRÁFICA
CIP-Brasil. Catalogação-na-fonte
Sindicato Nacional dos Editores de Livros, RJ.

A933s
Augras, Monique.
    O ser da compreensão: fenomenologia da situação de psicodiagnóstico / Monique Augras. 16. ed. – Petrópolis. Vozes, 2013.

    Bibliografia.

    9ª reimpressão, 2024.

    ISBN 978-85-326-0885-7

    1. Personalidade – Psicologia fenomenológica 2. Personalidade – Testes I. Título.

78-0364

CDD - 157.92
155.28
CDU - 159.9.072
159.9.018

Monique Augras

O ser da compreensão
Fenomenologia da situação de psicodiagnóstico

Petrópolis

© 1978, Editora Vozes Ltda.
Rua Frei Luís, 100
25689-900 Petrópolis, RJ
www.vozes.com.br
Brasil

Todos os direitos reservados. Nenhuma parte desta obra poderá ser reproduzida ou transmitida por qualquer forma e/ou quaisquer meios (eletrônico ou mecânico, incluindo fotocópia e gravação) ou arquivada em qualquer sistema ou banco de dados sem permissão escrita da editora.

CONSELHO EDITORIAL

Diretor
Volney J. Berkenbrock

Editores
Aline dos Santos Carneiro
Edrian Josué Pasini
Marilac Loraine Oleniki
Welder Lancieri Marchini

Conselheiros
Elói Dionísio Piva
Francisco Morás
Gilberto Gonçalves Garcia
Ludovico Garmus
Teobaldo Heidemann

Secretário executivo
Leonardo A.R.T. dos Santos

PRODUÇÃO EDITORIAL

Aline L.R. de Barros
Jailson Scota
Marcelo Telles
Mirela de Oliveira
Natália França
Otaviano M. Cunha
Priscilla A.F. Alves
Rafael de Oliveira
Samuel Rezende
Vanessa Luz
Verônica M. Guedes

Diagramação: AG.SR Desenv. Gráfico
Capa: Maria Fernanda Novaes

ISBN 978-85-326-0885-7

Este livro foi composto e impresso pela Editora Vozes Ltda.

Sumário

1. Por que não a fenomenologia?, 7

2. A Situação, 21

3. O Tempo, 29

4. O Espaço, 43

5. O Outro, 63

6. A Fala, 87

7. A Obra, 101

1. Por que não a fenomenologia?

*Talvez haja outros caminhos além
da psicanálise, que permitam uma aproximação
interessante e válida.
– Por exemplo?
– A fenomenologia, certa filosofia,
o existencialismo, por que não?
J. Favez-Boutonnier[1]*

O presente trabalho originou-se da necessidade de propor um embasamento seguro, para a atuação do psicólogo que se especializou na área do psicodiagnóstico. Com efeito, o treinamento desse especialista é eminentemente técnico, centrado na aprendizagem de determinados testes, focalizando as diversas modalidades do exame da personalidade. As provas de exame da personalidade, e particularmente aquelas que se convencionou chamar, não se sabe bem por que, de "técnicas projetivas", constituem geralmente objeto de uma informação sistemática, ministrada sob forma de aulas no curso regular de Psicologia. O psicólogo que tenciona estudá-las mais amiúde, porém, terá de completar sua iniciação por um estágio e, mais tarde, de trabalhar ainda por longo tempo sob a supervisão de um especialista.

Tais são as regras, não escritas, desta aprendizagem. Não escritas, porque no Brasil, atualmente, ainda não existe regulamentação específica a respeito. A rigor, o uso adequado dessas técnicas tem por única

---

1. "Entretien avec Mme. Favez-Boutonnier". *Psychologie Clinique II, Bulletin de Psychologie*, XXIX, 322, mars-avril 1976, p. 8-13.

garantia a honestidade do usuário. Esse tipo de formação, no entanto, acarreta outro perigo além da simples incompetência: estabelece-se em termos de tradição, passada, de modo por assim dizer artesanal, do mestre para o aprendiz, longe do quadro acadêmico. Desta maneira, corre-se o risco de perder de vista o referencial científico geral, valorizando a autoridade do mestre, esquecendo-se das revisões críticas. De um treinamento geralmente bem intencionado, chega-se à transmissão ritualista de uma soma de receitas.

O estudante de quinto ano, apreensivo perante a visão de um horizonte profissional cada vez mais estreito, carece totalmente de um repertório de procedimentos seguros, de receitas de eficácia comprovada, que poderão ampará-lo em seu próximo mergulho no mundo do consultório ou da instituição. Não há mais tempo para indagações teóricas. O supervisor, por seu lado, nem sempre teve a oportunidade, por motivos meramente históricos, de realizar estudos teóricos aprofundados. Nesse caso particular, os cursos de pós-graduação em psicologia clínica são de implantação recente, o seu número é ainda extremamente reduzido e limitado aos grandes centros. Muitas vezes o supervisor aprendeu o ofício na prática, sob a orientação de pioneiros que, por sua vez, nem cursos completos de graduação possuíam. Tal falta de enquadramento teórico e metodológico só pode levar à insegurança. E a insegurança, todo psicólogo sabe disso, é mãe da rigidez. Daí o treinamento transformar-se em transmissão de rituais de aplicação e de interpretação que se apoiam mais em artigos de fé do que em requisitos científicos.

Poder-se-á indagar em que medida a psicologia, mormente a clínica, merece o *status* de ciência. Este problema não será analisado aqui, pois merece um tratado. No entanto, para esclarecer nossa posição, diremos apenas que a psicologia, em certos dos seus setores, parece situar-se bem próxima dos requisitos da ciência; em muitas de suas áreas, ao menos está a caminho e, no campo da psicologia clínica, a estrada a percorrer parece bem comprida.

A dubiedade da situação da psicologia clínica deveria, a nosso ver, levar à maior exigência de rigor por parte dos seus profissionais. É nessa perspectiva que deve ser encarado o presente ensaio.

A infelicidade da psicologia clínica começa pelo nome. Conta a tradição que foi batizada pelo americano Lightner Wittmer, em 1896. Não parabenizaremos o padrinho[2]. Pois "clínica" vem do grego κλίνη, que significa *cama*. Para os gregos, ὁ κλινίκος era o médico que visitava os doentes acamados e, por extensão, ἡ κλινίκη (a clínica) passou a designar os cuidados prodigados pelo médico ao doente. A psicologia clínica, de imediato, se associa à ideia de doença. O seu nome está ligado à prática médica, e nisso se envolve numa ambiguidade que vem onerando, pesadamente, a atuação do psicólogo. A psicologia clínica descende, em linha direta, da psicopatologia, e dela se alimenta. Diagnóstico e terapia são suas duas grandes especialidades. O engenhoso acréscimo que as transformou em psicodiagnóstico e psicoterapia não consegue disfarçar a evidência da filiação. Não haveria problema nisso se a psicologia clínica conseguisse tornar-se autônoma, se elaborasse os seus próprios conceitos e a sua linguagem específica. O que se observa, contudo, é o apego irrestrito à linguagem da psicopatologia.

O "clínico" permanece. Será a expressão de uma vocação irreprimível para lidar exclusivamente com o patológico? O que significa esse fascínio pelo jargão médico? Pior ainda, parece que, através da atuação da psicologia clínica, a palavra mais inócua se transforma em discurso doentio.

O grande agente da patologização da fala cotidiana é, sem dúvida, a psicanálise. Não será exagerado dizer que atualmente, em nossos países, a linguagem psicanalítica funciona como "língua geral", não

---

2. De acordo com Garfield (1965), o autor do "Método clínico em Psicologia" já em 1907 se confessava pouco satisfeito com o termo, embora, neste mesmo ano, fundasse uma revista intitulada *Clinical Psychology,* e ministrasse o primeiro curso com o mesmo nome. Wittmer dedicava-se exclusivamente ao diagnóstico e tratamento da deficiência mental em crianças. Contemporâneo de Wundt, doutorou-se em Leipzig em 1892, ou seja, três anos depois da fundação do Laboratório de Psicologia Experimental. A sua orientação, contudo, foi rapidamente esquecida em proveito da extensão da psicologia clínica ao tratamento de pessoas "sofrendo condições anormais", que viria provocar um protesto irado dos meios médicos americanos, já em 1917. A Seção Clínica da AAAP só foi estabelecida oficialmente em 1937. [GARFIELD, S.L. "Historical Introduction". In: WOLMAN, B. *Handbook of Clinical Psychology.* Nova York: McGraw Hill, 1965, p. 125-140].

só para a psicologia como também para as demais ciências humanas. Os conceitos psicanalíticos são aceitos sem restrições e utilizados até mesmo em contextos que se apoiam em princípios antagônicos aos que norteiam a teoria freudiana.

Foge ao nosso objetivo descrever aqui as diversas facetas daquilo que Castel, com muita propriedade, chamou de *psicanalismo*[3]. Citaremos apenas esse autor quando afirma que a patologização da fala cotidiana deve ser creditada ao "imperialismo da psicanálise". As consequências da "capilaridade entre as noções de normal e patológico" funcionam de maneira dupla. Talvez seja bom despatologizar o discurso mórbido, mas o inverso? "O prejuízo é de todos, se ninguém jamais poderá escapar da suspeita médica, ou paramédica, nem que seja sob as formas benignas que o menor palavrório psicanalítico expressa: defesas, resistências, etc."[4].

O vocabulário da psicologia clínica, e de grandes áreas da psicologia, é tomado emprestado da psicanálise. Não haverá outro modo de formular as problemáticas individuais, além deste?

A nossa primeira proposta é precisamente a de procurar algum embasamento fora do quadro necessariamente psicopatológico e, particularmente, fora do império psicanalítico. Nosso propósito aqui interessa especificamente ao campo do psicodiagnóstico. Falta-nos competência para tratar da psicoterapia, e parece-nos possível pensar um sem a outra, já que a ação de estabelecer o diagnóstico, isto é, "identificar e explicitar o modo de existência do sujeito, no seu relacionamento com o ambiente, em determinado momento"[5], não implica necessariamente qualquer espécie de intervenção, nem encaminhamento obrigatório para algum tipo de tratamento.

Nisso, é preciso afastar de início um equívoco frequente entre nossos alunos: elaborar um laudo não significa dizer "que doença tem". "Personalidade normal" é também categoria de diagnóstico.

---

3. CASTEL, R. *Le psychanalysme*. Paris: Maspéro, 1973. 281 p.

4. Ibid., p. 195.

5. LAGACHE, D. "Introduction à la Psychologie Pathologique". *Bulletin de Psychologie,* 141/142, XI/4-5, Jan. 1958, p. 250.

O problema da distinção entre normal e patológico, ou entre saúde mental e doença, está no âmago da própria definição da psicologia clínica. Pode-se dizer sem risco de exagero que atualmente (em 1976) o conceito de normal está totalmente fora de moda.

A filiação psicopatológica e a influência psicanalítica propõem ao psicólogo clínico uma linguagem toda eivada de implicações patológicas[6]. Ao mesmo tempo ocorre, sob a influência da antipsiquiatria, o esvaziamento do conceito de doente mental. É denunciado o papel repressor e alienante do rótulo psiquiátrico, e o doente é reabilitado sob o nome de desviante. Nesse momento, o normal é estigmatizado como o indivíduo que se enquadra nas normas, sem permitir-se a mínima transgressão. Mediante um deslizamento que confunde respaldo teórico com preconceitos ideológicos, cria-se então o que poderíamos chamar de *má consciência da normalidade*. Em muitos pronunciamentos contemporâneos, normal tornou-se praticamente sinônimo de "pequeno-burguês". Se for permitido usar aqui a gíria, a melhor definição deste enfoque seria: normal é o *careta*.

Como estranhar, nesta situação, que os nossos alunos esqueçam o diagnóstico de normalidade? É quase um insulto.

O ponto de partida do movimento antipsiquiátrico, que fora lembrar a inserção sociológica, quiçá política, do problema da doença mental, leva nesta distorção a explodir o conceito de normal.

Inversamente, e isso ultrapassa o campo da psicologia e da psiquiatria, há em nossa cultura uma tendência estranha para encarar todos os aspectos da existência humana como conflitos superáveis mediante tratamento adequado. "Chegamos", escreve Szasz, "ao ponto de considerar a própria vida como uma doença que se inicia no nascimento e acaba com a morte, necessitando em cada etapa da douta assistência dos membros da profissão médica e dos empregados da saúde mental"[7].

---

6. Joyce McDougall, em número da *Revue Française de Psychanalyse,* 3-XXXVI, mai 1972, consagrado à "Normalidade", exprime jocosamente o problema: "Faz anos que só frequento analistas: como poderia eu saber o que é uma pessoa normal?" (p. 345).

7. SZASZ, T. "La Psychiatrie est devenue une religion et les psychiâtres sont ses grands-prêtres". *Psychologie,* dec. 1975, n. 71, p. 57.

Expressão sem dúvida de uma funda alienação, oriunda de uma fuga perante a existência, essa atitude fornece sustento para uma poderosa indústria. Pois se todo mundo está doente – e todos padecemos de existir – eis uma fonte inesgotável de lucros[8]. Nesse ponto, chegamos a um sério problema ético. Urge redefinir o que vêm a ser saúde e doença.

Uma definição em termos puramente estatísticos, situando o normal na faixa média, deve ser afastada, por desprezar os aspectos qualitativos do comportamento e prestar-se à caricatura do normal pequeno-burguês. A normalidade deverá ser descrita, antes, como a capacidade adaptativa do indivíduo, frente às diversas situações de sua vida. Isto supõe um posicionamento filosófico, que estabeleça as dimensões do viver, e leve em conta o jogo dialético da vida.

Este é o ponto de vista de K. Goldstein, que define a doença como "o obscurecimento da existência"[9]. Nesse sentido, haverá doença na medida em que o indivíduo responder inadequadamente à determinada situação, colocando em risco a sua própria sobrevivência. A saúde não é um estado, mas um processo, no qual o organismo vai se atualizando conjuntamente com o mundo, transformando-o e atribuindo-lhe significado à medida que ele próprio se transforma. Melhor seria falar de um processo de construção mútua, pois indivíduo e mundo, organismo e meio, coexistem necessariamente. "Desse ponto de vista, o *organismo aparece como um ser em 'ordem'*, o seu significado aparece como sendo o seu ser, a sua atualização, que vai juntamente com a conquista, isto é, a inclusão do mundo e a sua transformação. Do ponto de vista do indivíduo, isto leva àquilo que chamamos de "experiência"; do ponto de vista do mundo, à estruturação do mundo. Assim, organismo e mundo atualizam-se ao mesmo tempo, e passam da esfera do possível à esfera do real"[10].

---

8. Nos anos 30, bem antes de Szasz e de Ilitch, Jules Romains (médico de profissão) escrevia uma peça acerca de um médico, Knock, que faz fortuna convencendo os seus contemporâneos de que "um homem com saúde é um doente ignorado".

9. GOLDSTEIN, K. *La Structure de l'organisme*. Paris: Gallimard, 1951, p. 346.

10. Ibid., p. 438 (o grifo é do autor).

A saúde encontra-se nesse jogo de interações. Pois cada estado de equilíbrio alcançado destrói o estado anterior. A vida procede dialeticamente. "Ordem" e "desordem" são etapas constantes no desenvolver do homem e do mundo. Haverá doença, pois, se a relação subsistir em termos de desordem, permanecendo o indivíduo num comportamento estereotipado, invariante, alheio às estimulações do ambiente, ou reagindo inadequadamente. É óbvio que desordem e parada podem igualmente ocorrer no mundo, tais como crises sociais, cataclismos, ou até, mais simplesmente, ambiente inadequado. Nesse caso, a saúde do indivíduo será avaliada em sua habilidade para não só manter o equilíbrio, mas também superar a crise do ambiente, utilizando então sua capacidade criadora para transformar esse meio inadequado em mundo satisfatório. Vê-se que essa definição da saúde como *processo de criação constante do mundo e de si* integra também o conceito de doença: saúde e doença não representam opostos, são etapas de um mesmo processo.

O normal é aquele que supera os conflitos, criando-se dentro de sua liberdade, atendendo igualmente às coações da realidade. Patológico é o momento em que o indivíduo permanece preso à mesma estrutura, sem mudança e sem criação. Nessa perspectiva, estabelecer o diagnóstico é identificar em que ponto desse processo se encontra o indivíduo, detectar as eventuais áreas de parada ou de desordem, e avaliar as suas possibilidades de expansão e de criação. Estará longe este diagnóstico da simples rotulagem, mas escapará também da pura descrição das tensões internas que, não raro, se perde no vazio das interpretações estereotipadas.

Pois o indivíduo não será avaliado em relação a algum "modelo", este modelo de "normal" cuja vacuidade se presta a todas as caricaturas. O diagnóstico procurará dizer em que ponto de sua existência o indivíduo se encontra e que feixe de significados ele constrói em si e no mundo. Desta maneira, para citar mais uma vez Goldstein, "cada homem será a medida de sua própria normalidade"[11].

---

11. Ibid., p. 347.

Isto não quer dizer que se vá cair no solipsismo, em protesto contra a normalidade "normativa". Pois o processo de criação foi definido como sendo construído dentro da realidade, logo, dentro do mundo das inter-relações. Existir é coexistir. Não haverá, portanto, possibilidade de um indivíduo ser normal para si e tornar-se ao mesmo tempo incomunicável para os demais. Da mesma maneira que o existir, o coexistir se constrói dialeticamente.

Em cada passo, topamos de novo com a necessidade de um posicionamento filosófico. Um segundo aspecto de nossa proposta é, logo, procurar uma segurança para a atuação do psicólogo clínico, mediante a explicitação filosófica da situação existencial, considerando que o momento do exame, ou melhor, do encontro entre o psicólogo e o cliente, é a atualização de uma situação geral de encontro entre o eu e o outro. Os parâmetros de compreensão deste encontro serão procurados dentro da filosofia existencialista, que se propõe examinar o homem em sua situação.

Em nosso trabalho de ensino em nível de pós-graduação, cada vez mais, nos convencemos de que a falta de embasamento filosófico explícito se prende a grande carência da formação do psicólogo. Compreende-se a necessidade de libertar a psicologia moderna do ranço de filosofismo que outrora impregnava a psicologia acadêmica, considerada então como apenas um ramo da filosofia. Mas a reflexão sobre o alcance e o limite do nosso exercício profissional dificilmente pode prescindir de um posicionamento filosófico definido. Como tratar o homem, sem questionar o que significa ser homem? Como entender o sentido de nossa compreensão, sem nos interrogarmos primeiro acerca do significado do significado? Como avaliar as peculiaridades de um indivíduo, sem apreender a complexidade da situação do ser no mundo?

Por isso fizemos questão de colocar em epígrafe a sugestão de J. Favez-Boutonnier, uma das maiores estudiosas da psicologia clínica da França. Ao examinar os problemas do embasamento teórico, aponta para novos caminhos: "a fenomenologia, certa filosofia, o existencialismo, por que não?" É exatamente nesta linha que se coloca o presente trabalho.

A adequada descrição do mundo próprio do cliente e de sua situação atual tem de apoiar-se numa aproximação que procure apreendê-la em sua totalidade. Assim, deverão ser repelidos quaisquer procedimentos que visem interpretar o comportamento do cliente, apoiando-se num sistema elaborado, *a priori*, antes e fora do acontecimento presente. Da mesma maneira que cada indivíduo for a medida de sua normalidade, em cada situação, o significado será buscado dentro daquilo que for manifestado. Nesse ponto de vista, a "objetividade" dessa apreensão, finalmente configurada em diagnóstico, apoiar-se-á em critérios de coerência, deduzidos daquilo que se ofereceu da história do indivíduo e das vivências presentes.

Em todo esse processo, a capacidade de observar, deduzir, apreender, constitui a base indispensável para o trabalho da compreensão. Pois é no relacionamento do psicólogo com o sujeito observado que se manifesta a apreensão da realidade. Vale dizer: na ocasião do exame psicológico, o que se estará oferecendo não é o comportamento de um sujeito avaliado "objetivamente" por outro sujeito, num juízo apoiado em parâmetros elaborados de antemão. O que acontece é a manifestação da intersubjetividade.

A significação da situação transparece no encontro de minhas vivências com as do outro. Isto ocorre em qualquer evento de comunicação entre dois sujeitos. A objetividade do processo de diagnóstico, preferíamos dizer, do *processo de reconhecimento e compreensão do cliente,* fundamenta-se na intersubjetividade. Isto supõe, por parte do psicólogo, a observação de sua própria subjetividade. Não se pretende insinuar que a compreensão do cliente deva ser alcançada mediante uma iluminação que de repente revela todo o quadro da situação, desprezando desta maneira aquilo que os instrumentos próprios da profissão, tais como os testes, possam trazer. O que se deseja focalizar é a necessidade de o psicólogo assumir a intervenção de sua própria subjetividade. É preciso entender que, nos protocolos dos testes, não se manifestam resultados absolutamente válidos e intemporais, mas que os mesmos constituem a expressão de um evento, a situação única e momentânea do encontro de duas subjetividades que influem uma na outra. Longe de deixar-se atemorizar pelo fantasma do receio de "se projetar", atribuindo ao outro suas próprias "fantasias", o psicólogo deve ater-se a pesquisar, dentro de suas próprias vivências, os caminhos que o possam levar à compreensão do outro. Onde estará o entender, senão dentro da percepção do real? Assumir a própria subjetividade não é substituir as suas problemáticas aos conflitos do paciente. É reconhecê-la para delimitá-la, transformando-a em ferramenta para a compreensão do outro. Assim deve ser entendida a afirmação de Murray, conforme a qual o instrumento de precisão mais importante da pesquisa psicológica é o psicólogo[12].

Daí a necessidade para o psicólogo de duas exigências fundamentais: primeiro, aprimorar-se no domínio das técnicas que lhe sejam específicas, pois constituem meios consagrados de registro da situação de encontro, codificando as manifestações da intersubjetividade, operacionalizando-as e, desta maneira, facilitando o entendimento; segundo, aprofundar o conhecimento de si próprio, não apenas para controlar os limites de sua atuação, mas também como treino para o conhecimento do outro.

Esse convite para o autoconhecimento, embora constitua classicamente o objetivo de qualquer compreensão de si e do mundo, talvez soe estranhamente. É que nos foi ensinado há muito tempo[13] que o psicólogo deve ser um modelo de neutralidade, e abstrair-se da relação, para julgá-la com a devida objetividade. Ou seja: para compreender o que acontece com alguém, ele deve esquecer que ele mesmo é gente também. Somente os conhecimentos adquiridos mediante o estudo dos autores curriculares podem ser utilizados para o diagnóstico. Até a cultura pessoal não acadêmica deve ser desconsiderada. Ora, por que um poema não pode ser tão esclarecedor quanto um tratado, para entender a riqueza do mundo de uma pessoa? Para ousar reconhecer-se como sujeito atuante, e vivenciar-se em sua totalidade para alcançar a complexidade do outro, mais uma vez se afirma a necessidade do respaldo filosófico.

---

12. HALL, C.S. & LINDZEY, G. *Teorias da personalidade*. São Paulo: Herder, 1971, p. 220.

13. Nem tanto. A psicologia científica ainda nem completou cem anos sequer.

A compreensão fundamentada na análise da intersubjetividade, e apoiada no reconhecimento da subjetividade do psicólogo, corre, com efeito, o risco de diluir-se, perder-se, transformar-se em mera contemplação deslumbrada do outro. Para contê-la, é preciso apoiar-se num método que lhe permita chegar à objetividade. Daí nossa proposta de colocação da psicologia clínica e, especificamente, da situação de dignóstico, na perspectiva da fenomenologia.

O método fenomenológico parece atender exatamente a nossos requisitos que postulam, de um lado, o reconhecimento da intersubjetividade, e do outro, os meios de elaborar uma compreensão objetiva. Nas palavras de Merleau-Ponty, "a mais importante aquisição da fenomenologia é, sem dúvida, de ter associado o extremo subjetivismo ao extremo objetivismo em seu conceito do mundo e da racionalidade [...]. O mundo fenomenológico não é o ser puro, mas sim o significado que transparece na interseção de minhas experiências e das experiências alheias, pela engrenagem de umas com as outras, e portanto inseparável da subjetividade e da intersubjetividade que chegam à unidade pela retomada de minhas experiências passadas em minhas experiências presentes, da experiência alheia na minha"[14].

O objetivo de Husserl, ao elaborar o método fenomenológico, fora alicerçar o conhecimento, através da identificação das estruturas fundamentais dos fenômenos. Tentando extrair da observação o sentido do fenômeno, o método supõe que se relegue para segundo plano toda apreensão *a priori*, todo parâmetro externo. Essa abertura para o fenômeno, que pretende ser mais "ingênua" possível, a mais despojada de preconceitos, visa operar uma redução que permita apreender o significado do fenômeno, a sua "essência". Dizia Husserl: *"É a experiência [...] ainda muda que tratamos de levar à expressão pura do seu próprio sentido"*[15].

---

14. MERLEAU-PONTY, M. *Phénoménologie de la perception.* Paris: Gallimard, 1969, p. XV.

15. HUSSERL, E. *Meditations cartésienne.* Paris: Colin, 1931, p. 33 [o grifo é nosso].

Onde se produz esse despontar da significação? Na compreensão do observador. A subjetividade aqui se afirma como única fonte alcançável de objetividade. Isso não significa que a compreensão do sujeito seja abrangente e definitiva. Pelo contrário, o método afirma que toda compreensão é necessariamente limitada. Por isso falamos insistentemente em compreensão de uma situação, dentro de um evento historicamente definido. Toda modalidade de compreensão a que se chega denuncia a falência do entendimento anterior.

A objetividade fundamentar-se-á no reconhecimento desta falência. Procurar-se-á portanto uma observação cada vez mais depurada do fenômeno, de maneira a afastar o mais possível as escórias que vêm a afetar a intuição plena do significado. A redução não é uma operação finita: refaz-se constantemente. O significado jamais é alcançado em sua totalidade, da mesma maneira que a complexidade individual nunca se encerra dentro de um diagnóstico.

Frente às ambiguidades da psicologia clínica, à inadequação dos modelos que pretendem abranger a totalidade do indivíduo e só chegam a elaborar imagens estereotipadas, o método fenomenológico propõe caminhos para a compreensão, visando respeitar a complexidade do real e encontrar o sentido dentro do próprio fenômeno.

A fenomenologia assim apresenta uma nova ordem de objetividade. Atendo-se a observar o jogo da interssubjetividade, parece-nos oferecer um meio privilegiado para repensar a situação de diagnóstico. É esta nossa proposta: procurar, dentro da fenomenologia, subsídios para assentar melhor os procedimentos do psicólogo, com maior respeito pela complexidade do real, e com maior grau de humildade, já que reconhece a precariedade de qualquer compreensão.

Não objetivamos encontrar respostas para os problemas da psicologia clínica contemporânea, mas abrir caminhos. Este livro é uma busca e não uma solução.

Nas páginas que seguem serão abordados grandes temas da existência. A partir destes, procurar-se-á deduzir modalidades de compreensão de diversas vivências. Nada de intrinsecamente novo será mostrado, a não ser o enfoque. Trata-se de dirigir *um novo olhar* sobre os diversos vetores que compõem a situação de diagnóstico. Na medida do possível, tentar-se-á relegar as informações já consagradas que possam vir a constituir-se em visões preconceituosas, prejudicando a apreensão dos fenômenos. Desta maneira, as técnicas clássicas de exame serão enfocadas, sob os diversos ângulos fornecidos pelas grandes temáticas existenciais. Não se tenciona destruir aquilo que já fora considerado como óbvio, mas sim trazer um enriquecimento, dentro de uma nova perspectiva.

Seja-nos permitida a apropriação destas palavras de Jaspers, em sua *Autobiografia filosófica:* "Nos meus trabalhos, [...] está o desejo de produzir um impacto, de fazer o possível para promover a razão no mundo, nem que seja um pouquinho, porém, de alcançar este objetivo mediante a provocação da desordem na mente do leitor, colocando-o na frente de sua possível existência, encorajá-lo a ser ele mesmo, mostrar-lhe o sentido possível dentro do incompreendido"[16].

Instaurar a racionalidade pela redução do óbvio da razão preconcebida, eis o objetivo da fenomenologia.

---

16. JASPERS, K. *Autobiografia filosófica.* Buenos Aires: Sur, 1964, p. 108.

2. A Situação

"A substância *do homem não é o espírito-síntese da alma e do corpo – é a* existência".

Heidegger[1]

O homem, gênero ou indivíduo, apresenta-se sob um triplo aspecto: representando determinada série animal, ele é natureza; como autor e suporte de um processo constante de manejamento da natureza e dele próprio, ele é história; abrangendo a natureza e a história, é existência.

Querendo definir a situação existencial do homem precisamos encontrar subsídios que estabeleçam uma compreensão psicológica do indivíduo que, na medida do possível, abstraia as teorias que, implícita ou explicitamente, apoiam-se em aspecto parcial, quer naturalista, quer histórico.

Observa-se que os três aspectos da realidade humana, embora contemporâneos para o indivíduo, podem ser deduzidos como etapas do processo de formação do homem: *animal, socius, sapiens.* O terceiro termo, porém, é que carreia a especificidade da existência humana, atribuindo significação à natureza e à história e, por assim dizer, transfigurando-as. Desde já, a existência se propõe como um feixe intricado de interações e de tensões. Suporte da natureza e autor da história, o homem fundamenta-se na consciência de si e do mundo.

---

1. HEIDEGGER, M. *L'être et le temps.* Paris: Gallimard, 1964, p. 148 [os grifos são do autor].

A percepção do mundo estabelece a coexistência do sujeito e do objeto, na sua interdependência. A consciência do objeto é também consciência de si. A percepção do objeto pelo sujeito é parte integrante desse objeto. Isto não quer dizer necessariamente que o mundo não exista fora do sujeito, mas que o mundo é apreendido pelo sujeito como *manifestação*. "Seres pensantes, somos o lugar (o único que conheçamos) onde se revela aquilo que é, em nosso pensamento objetivo, em nossa compreensão, em nossa ação e nossa criação, em cada modalidade de nossa experiência"[2].

O homem é testemunha da realidade do mundo. Mas, como disse Jaspers, "o universo não carece de nós"[3]. A natureza é interpretada através da percepção, e transformada em mundo. Nesse processo, a realidade humana é criadora do mundo, deste mesmo mundo do qual faz parte. Deste modo, sujeito e objeto, homem e mundo vão criando-se reciprocamente. A construção das categorias da realidade instaura-se no caminho das superações sucessivas das contradições entre sujeito e objeto. Não são mutuamente reduzíveis. A consciência do objeto, ao mesmo tempo em que afirma a sua presença, testemunha também tratar-se de algo exterior, jamais completamente abarcado. A consciência da consciência do objeto igualmente reconhece a inesgotabilidade do sujeito. Assim permanece a cisão entre sujeito e objeto, geradora de tensões, definindo logo a existência humana em termos de conflito.

O conflito não deve ser entendido aqui como algo ruim, indesejável e, portanto, inútil e nocivo. Expressa, antes, a luta necessária entre tendências contrárias que, sucessivamente opostas e sintetizadas, compõem o próprio processo da vida. Nos termos da psicologia individual, a crença tão difundida, segundo a qual conflito seria sinônimo de desajustamento, toma feições de ideologia superficial e ingênua. Advindo das tensões, o conflito é gerador de equilíbrio. Na dialética do sujeito e do objeto, a cisão é fonte do impulso para o conhecimento e motor para a construção mútua do homem e do mundo. Nesse sentido, a realidade é conflito, intrinsecamente.

---

2. JASPERS, K. *Initiation à la méthode philosophique*. Paris: Payot, 1968, p. 30.
3. Ibid., p. 21.

Do ponto de vista do conhecimento, a fissura entre objeto e sujeito não condena o pensador ao círculo vicioso da procura de uma "objetividade" situada fora do sujeito, nem à prisão de uma subjetividade alheia à realidade do mundo exterior. Desemboca ao contrário na síntese que permite integrar, superando-a, a clássica oposição entre "subjetividade" e "objetividade". Do ponto de vista existencial, nas palavras de Heidegger, *"toda objetividade é, como tal, subjetividade"*[4].

Reconhecendo-se na intencionalidade da sua consciência, a existência humana emerge na cisão. Consciência de si e consciência do mundo são dois enfoques do mesmo fenômeno. A realidade humana exprime-se na sua dimensão de ser no mundo.

Ser no mundo significa existir para si e para o mundo, não apenas o mundo da natureza, configurado em termos humanos, mas também, é claro, o mundo social em que o ser com os outros assegura a realidade no modo da coexistência.

Nesse nível, a atualização mútua do homem e do mundo expressa-se como construção recíproca de sistemas de significações, mediante a qual cada indivíduo recebe dos demais as chaves para a compreensão do mundo, e pode então devolver a sua própria elaboração, que por seu turno passa a ser incorporada no conjunto dos sistemas anteriores a ele. Ao observar a história das ideias, verifica-se que tal processo não é menos problemático do que o da percepção do sujeito e do objeto. Individual e coletivo, singular e geral opõem-se constantemente, em lutas mais obviamente dramáticas senão mais sofridas do que na construção do mundo dos objetos. Aqui também, o conflito afirma-se como "o pai de tudo"[5].

No reconhecimento interpessoal, os limites da identificação são assegurados pela revelação da alteridade. A delimitação do eu apoia-se ao esbarrar com o não eu. Mas como reconhecer o outro como tal, sem encontrar, dentro de si, a presença da alteridade? A cisão confirma-se como condição de conhecimento.

---

4. HEIDEGGER, M. "Qu'est-ce que la métaphysique?". *Questions I*. Paris: Gallimard, 1968, p. 34 [o grifo é nosso].

5. HERÁCLITO. *Fragmento 53*.

Em sua meditação sobre os possíveis da liberdade humana, Kierkegaard desenvolve "o conceito da angústia" e observa que, no mito cristão, a angústia primordial aparece juntamente com a figura de Eva, a fundamentalmente *outra*[6]. No Gênesis, Eva é criada a partir de uma costela de Adão, ou seja, surge *de dentro dele:* o outro é um componente de si. A alteridade reside dentro do ser.

A situação do homem é essencialmende ambígua. A estranheza, sentimento desta situação, "deve ser compreendida como o fenômeno mais original, no plano existencial e ontológico"[7]. A estranheza comprova a permanência da cisão. A preocupação constitui parte integrante da existência.

Preocupado em sua ambiguidade, o ser no mundo só pode permanecer como ser do projeto. Ou seja, assumindo a existência em sua temporalidade. O ser no mundo transforma-se destarte no ser para a frente de si mesmo. A sua projeção para o futuro permite-lhe transcender as limitações oriundas do sistema de tensões internas. Assim passa o homem a morar no cerne das suas possibilidades. Mas esta morada tampouco é descanso. O mundo dos possíveis supõe a liberdade. "Por isso o possível é a mais pesada das categorias"[8]. Porque a realidade imediata oferece um núcleo, uma resistência em que se apoiar. A tradição, o consenso do presente, propiciam parâmetros para nortear os passos individuais. Mas como situar o ser do projeto, do futuro, o "ser da lonjura?"[9]. Mais ainda do que da estranheza, o homem do projeto é o ser da angústia.

Com efeito, o futuro e os possíveis dos homens esbarram no obstáculo que vem revelar uma cisão ainda mais funda talvez, seguramente mais dolorosa. Na lonjura desponta a morte. O ser do projeto é apenas, irremediavelmente, o ser para a morte. A morte que denuncia a possibilidade dos possíveis.

---

6. KIERKEGAARD, S. *Le Concept de l'angoisse.* Paris: Gallimard, 1935, 234 p.

7. HEIDEGGER, M. *L'être et le temps.* Paris: Gallimard, 1964, p. 232.

8. KIERKEGAARD. Op. cit., p. 224.

9. HEIDEGGER. "Ce qui fait l'être essentiel d'un fondement ou raison". *Questions* I. Paris: Gallimard, 1968, p. 158.

Assim, o processo de superação progressiva das tensões vem dar na grande, na irredutível contradição. A angústia, antes apresentada como simples manifestação do sentimento da estranheza, aparece agora como uma das dimensões da existência. Através da angústia, apreende-se o Nada. A suprema contradição manifesta então a totalidade da existência, não mais apenas como processo de esclarecimento da realidade humana, mas como revelação ontológica:

"Na noite clara do Nada da angústia mostra-se por fim a manifestação *original* do existente como tal: ou seja, *que haja existência, em vez de Nada*"[10].

Daí para diante, toda tentativa de compreensão da existência deverá partir da manifestação original do Nada, situado como integrante essencial do Ser, logo como fonte e origem do indivíduo e da liberdade. A liberdade deixa de ser mera expressão das possibilidades individuais. Transformada em *liberdade para a morte*[11], passa a constituir o ponto de partida para a criação do indivíduo. Realizar-se em sua existência é ao mesmo tempo situar-se dentro do Nada e emergir apoiado na transcendência. A transcendência não se revela como solução para a cisão do Ser e do Nada. Aparece antes como derradeira condição de síntese, abrindo ao mesmo tempo caminho para o reconhecimento do ser, mas afirmando ainda a ruptura, pela nova dimensão que introduz.

Pode-se dizer com Jaspers que é precisamente no fracasso da existência empírica que surge a revelação da transcendência. As situações-limites da existência, quais sejam a morte, o sofrimento, a culpa, a loucura, propiciam a conscientização do fracasso, o reconhecimento de que o desenvolvimento dos possíveis se fundamenta na liberdade para a morte, e que a vida do homem é um constante processo de criação e destruição.

No entanto, da mesma maneira que a duplicidade sujeito-objeto se torna motivo e motor do impulso para o conhecimento, a antinomia do ser e do nada, patente na ruptura, é a fonte para a compreensão do ho-

---

10. HEIDEGGER. "Qu'est-ce que la métaphysique?", op. cit., p. 62 [grifos do autor].

11. HEIDEGGER. Apud COTTON, J.P. *Heidegger*. Paris: Le Seuil, 1974, p. 56.

mem e do mundo. A conscientização do fracasso desemboca na explicitação, isto é, na elaboração de um conjunto de significações, que procuram dar conta da situação do ser no mundo, descrever as suas contradições, enfim, interpretá-la. Nesse plano, apreende-se a dimensão ontológica do instrumento de que o homem dispõe para explicitar a situação: a linguagem.

O enunciado é a manifestação deste poder da fala que revela e interpreta o mundo. "O homem se manifesta como o ente que fala: isto não significa que a possibilidade de expressar-se mediante sons lhe pertença propriamente, mas que tal manifestação se processa no modo do descobrimento do mundo e da própria existência"[12].

A fala, pelo seu caráter físico e abstrato, interpretativo e manipulador, concentra em si todas as modalidades de formulação e atuação do ser no mundo. Para atender ao objetivo inicialmente proposto, qual seja o de encontrar na situação existencial subsídios para estabelecer uma compreensão individual, o questionamento da linguagem afirma-se como meio necessário de investigação.

Este é o propósito da fenomenologia, nas palavras de Heidegger: "o sentido metodológico da descrição fenomenológica é *explicitação* [...]. A fenomenologia da existência é hermenêutica no sentido próprio da palavra, que visa tudo aquilo que diz respeito à explicitação"[13].

A construção do mundo pelo homem é feita mediante a elaboração de significados. Para compreender tal situação entram em jogo os mesmos mecanismos. A investigação fenomenológica propõe-se identificar estruturas significativas, a partir da observação das imagens elaboradas pela vivência cotidiana. O reconhecimento dessas estruturas supõe que a interpretação seja o mais possível objetiva. Na medida em que a compreensão não é um mero instrumento de apreensão do mundo, mas uma dimensão ontológica da existência, tal procedimento carrega dentro de si a garantia de sua objetividade. Nesta ordem de

---

12. HEIDEGGER. *L'être et le temps.* Paris: Gallimard, 1964, p. 204.

13. Ibid., p. 55. Já esclarecera: fenomenologia "significa esclarecer aquilo que se manifesta, tal como, por si mesmo, se manifesta" (p. 52).

ideias, a explicitação do mundo tanto pode ser uma teoria científica, um mito antigo, um poema, ou a simples descrição de uma problemática individual. Enquanto pretendem formular uma imagem do mundo, isto é, existencialmente, do ser no mundo, todas essas explicações são testemunhas de existência. Podem ser consideradas como tantos algoritmos de equacionamento de problemas existenciais.

Entre essas diversas modalidades de explicitação do mundo, o mito se apresenta como a mais abrangente. Mitos e símbolos revelam sempre situações-limites do homem. Buscam dar-lhes sentido. O próprio do mito, conforme bem observa Mircea Eliade, é a sua polivalência, que lhe permite encerrar dentro da mesma imagem significações diversas, e até opostas. "Talvez a mais importante função do simbolismo religioso seja a sua capacidade de expressar situações paradoxais, ou certas estruturas da realidade última, impossíveis de serem expressas de outra maneira"[14]. Assim sendo, o mito engaja a totalidade da existência humana. Qualquer interpretação parcial, qualquer escolha de um dos seus significados, não só mutila como trai a mensagem. "É a imagem como tal, feixe de significações, que é *verdadeira,* e não apenas *uma das suas significações* ou *um só dos seus numerosos niveis de referência "*[15].

Nesse ponto, a imagem mítica, além de ser um algoritmo para tratar uma situação-limite, passa a tomar feições de modelo de referência para qualquer procedimento de compreensão fenomenológica. A hermenêutica do mito deve levar em conta a totalidade das significações possíveis. Da mesma maneira, a compreensão do fenômeno oferece-se como explicitação da situação existencial, e será tanto mais fidedigna quanto mais abrangente.

É necessário então encontrar critérios de verdade para apoiar os diversos níveis do entendimento. Heidegger observa que, para os gregos, verdade era ἀλήθεια, que ele explicita como sendo ἀ-λήθεια,

---

14. ELIADE, M. *Méphistophélés et l'androgyne.* Paris: Gallimard, 1962. p. 259.

15. Idem. *Images et symbole.* Paris: Gallimard, 1952, p. 18 [o grifo é do autor].

não dissimulação[16]. A verdade não adviria, portanto, como algo ideal, oposto ao campo imediato da realidade, ou deduzido a partir deste. Seria des-vendamento daquilo que até então fora coberto, escondido. Explicitar o mundo e a existência seria o modo de manifestar a verdade, ou melhor, "a verdade, por ser des-cobrimento, é um modo de ser da existência"[17]. Assim, a preocupação com a fidedignidade da compreensão se fundamenta na exigência do des-velo. O mito, na medida em que se situa como imagem do homem e do mundo, pode ser considerado como ponto de partida para a explicitação, e a sua hermenêutica, como modelo metodológico para a compreensão[18].

Na Grécia antiga, a τέχνη ἑρμηνευτική era técnica de especialistas, que se dedicavam a interpretar os ditos obscuros dos oráculos. Mais tarde, a exegese dos textos sagrados também tinha por objetivo o deciframento da estrutura escondida no meio da complexidade semântica. Tais modalidades de explicitação não reduzem, acrescentam. Tencionam abarcar a verdade ainda encoberta. Nesse mister, lançam mão do conhecimento de imagens do mundo já explicitadas. Constroem assim um novo modo de acesso à realidade que não a esgota, mas também não a violenta. A assunção da hermenêutica assegura a adequação da compreensão. Na maioria dos fenômenos estudados, é o questionamento sistemático da linguagem que fornecerá os meios para esclarecer o significado.

No campo do diagnóstico, objeto presente da nossa preocupação, a fala do cliente, nas entrevistas e nas provas, é a manifestação de sua realidade, e como tal será investigada. Através dela é que serão trazidos a lume as suas vivências: a sua história (o tempo), o seu corpo (o espaço), a sua estranheza (o outro), o seu fazer-se (a obra).

---

16. HEIDEGGER. *L'être et le temps.* Paris: Gallimard, 1964. p. 264.

17. Ibid., p. 273 [grifos do autor].

18. Cf. Cassirer: "o mito ainda hoje está a exigir o reconhecimento, no campo da *metodologia* pura" em *La philosophie des formes symboliques.* Paris: Minuit, 1972, t. 2, p. 9.

3. O Tempo

"Somos devorados pelo tempo, não por nele vivermos, mas por acreditarmos na realidade do tempo".

Mircea Eliade[1]

Grande fonte de equívocos em psicologia deve-se à sobrevivência do enfoque tradicional do tempo. Estuda-se a percepção do tempo. Questiona-se a consciência do tempo vivido, duração, memória, orientação no tempo social. Situa-se o homem em relação à sua historicidade. Mas, em todo caso, o tempo é concebido como algo exterior ao homem, que nele atua, que ele pode tentar manipular em proveito próprio, mas que, mais cedo ou mais tarde, afirmar-se-á como o seu Senhor.

Ainda ressoa a apóstrofe de Prometeu dirigida a Zeus: "Quem forjou este homem que sou, senão o Tempo todo-poderoso e o Destino eterno, meus amos, que são também os teus?"[2]. Não só os homens, como também os Deuses, obedecem ao tempo.

O que informa porém a física contemporânea? Que o tempo não existe como entidade, como pressuposto anterior e exterior ao ser vivo. O tempo é apenas um ponto de vista, numa perspectiva biológica. É uma direção irreversível para o indivíduo e para a espécie. Costa de Beauregard, no seu livro *O segundo princípio da ciência do tempo,* expressa esse paradoxo através de uma imagem esclarecedora: o tempo assemelhar-se-ia à leitura de um livro; o livro existe como algo dis-

---

1. ELIADE, M. *Images et symboles*. Paris: Gallimard, 1952, p. 118 [grifo do autor].

2. Apud BERGER, G. *Phénoménologie du temps et prospective*. Paris: PUF, 1964, p. 97.

ponível, em aberto, mas o leitor tem de percorrê-lo em sentido determinado. Poder-se-ia levar adiante a imagem: ao ler, o leitor interpreta o livro, recolhe e cria o seu significado. O tempo surge então, não como dimensão do mundo, mas como orientação significativa do ser.

Longe de ser exterior ao homem, o tempo é extensão e criação da realidade humana. É paradoxalmente condição de sua existência e garantia da sua impermanência. Porque o homem cria o tempo, mas não o determina. Falar do tempo é descrever toda a insegurança ontológica do homem. Vê-se o quanto a psicologia tradicional do tempo, limitada a experimentos sobre a percepção do mesmo ou perdida em especulações acerca da oposição entre vivência individual e duração "objetiva", deixa de lado uma problemática bem mais funda, que a fenomenologia trouxe à luz: o tempo como construção.

Conforme Heidegger, a explicitação autêntica do tempo situa-o "como horizonte da compreensão do ser, a partir da temporalidade como componente do ser"[3].

Analisar o tempo é observar o homem em sua maior contradição: a tensão entre permanência e transitoriedade, poder e impotência, vida e morte. Os mitos temporais organizam-se em grandes ciclos, que postulam uma degradação e uma regeneração periódicas do mundo. Mircea Eliade descreve o *Eterno Retorno* desse tempo cíclico. Gregos, Hindus, Germanos, Astecas, contam que a humanidade passou por fases maravilhosas, áureas, que aos poucos foram escurecendo, até chegar o tempo das trevas. Mas, depois dos cataclismos, há promessas do ressurgimento do paraíso primordial.

Depois do *Ragnarok,* da morte dos deuses germânicos no combate em que todos, bons e maus, perecem, a profetisa do *Volüspa* antevê o surgimento de um novo mundo de paz, de esperança, em que reinará Baldur, o muito puro. Uma nova raça de homens aparecerá, e todos viverão felizes. "Os deuses voltam para o prado, onde estavam no início; encontram na grama as pedras do jogo de xadrez, e entretêm-se com os relatos das batalhas passadas"[4].

---

3. HEIDEGGER. *L'etre et le temps.* Paris: Gallimard, 1964. p. 34.

4. BORGES, J.L. *Essai sur les anciennes littératures germaniques.* Paris: Union Générale d'Editions, 1966, p. 110.

Da mesma maneira, encontra-se na Índia bramânica a doutrina dos *yuga*[5]. São quatro idades designadas pelo número correspondente no jogo de dados *(yuga)*, que voltam periodicamente, numa sucessão constante: o primeiro período, *krta yuga* (4 nos dados), é a idade de ouro, em que a força espiritual *(dharma)* está no apogeu; no segundo período, *tretâ yuga* (três), aparecem a dor e a morte; no terceiro período, *dvâpara yuga* (dois), aumenta o sofrimento e decresce o *dharma;* o último, *kali yuga* (um), é a época das trevas e da desgraça. Conforme os hinduístas, o mundo estaria atualmente em plena fase *kali.*

Observa-se que tal interpretação do momento contemporâneo é frequente. A evocação da idade de ouro nasce do reconhecimento do sofrimento e do desejo de justificá-lo. A dor torna-se necessária, pois se transforma em provação, etapa imprescindível para que seja alcançada a bem-aventurança.

A função dos mitos do Grande Tempo parece, portanto, ser a superação da dor e da morte. O tempo sagrado, ritmado por festas que lhe asseguram a regeneração periódica, testemunha a possibilidade de ressurreição.

Mircea Eliade vê no mito judeu-cristão a valorização escatológica do futuro. "O mundo salvar-se-á de uma vez por todas e a história deixará de existir"[6]. No entanto, embora o cristianismo inaugure a intervenção de Deus na história, e substitua uma visão retilínea do tempo à concepção cíclica, no plano dos rituais, o ano religioso é pautado na periodicidade. Natal é nascimento, Páscoa, morte e ressurreição. Eliade relata que nos países da Europa Central os doze dias que decorrem entre Natal e Epifania são considerados como representantes dos doze meses do ano vindouro: se ventar no terceiro dia, março será um mês de grandes tempestades. Nesse período, dizem também que os mortos voltam e se misturam aos vivos, numa reatualização do caos primordial. A crença no tempo cíclico parece irredutível.

---

5. ELIADE. Op. cit., p. 74 ss.

6. ELIADE, M. *El mito del eterno retorno.* Buenos Aires: Emecé, 1968, p. 107.

Os mitos do tempo apontam para um significado constante: superar a morte, redimir o sofrimento, assegurar o acesso à felicidade. Ou seja: o tempo mítico é tentativa de negar a impermanência. Isso não vale apenas para os mitos arcaicos. A História, que modernamente se afigura como a entidade determinadora das significações e dos valores do homem, acaso não será a herdeira da transfiguração da angústia perante a impermanência? Diz Gaston Berger que "a paixão pela história cresce em relação inversa da consciência que temos da eternidade"[7].

A história, ilustração do tempo manejado pelo grupo social, objetiva asseverar a identidade do grupo e garantir a sua existência. O conceito de tradição fundamenta os costumes, as instituições, as feições próprias e o comportamento do grupo. O valor atribuído à história de um grupo social, família ou nação, tende a afirmar a sua permanência, reforçar a sua coesão e, sobretudo, negar a possibilidade de sua morte. "A história", escreve ainda Gaston Berger, "é feita de não ser"[8]. Toda história, por mais objetivos que sejam os testemunhos, está carregada de lendas. Toda crítica histórica, por mais científica que pretenda ser, apoia-se em sistemas de valores próprios das referências míticas do grupo ao qual pertence o historiador. Não é por acaso que nas línguas latinas usa-se a mesma palavra (história) para designar: "narração metódica dos fatos notáveis ocorridos na vida da humanidade", "conto; narração", "fábula; patranha" e "conversa fiada"[9]. Trata-se, porém, de má-fé necessária. A distorção lendária, observável até em fatos imediatamente contemporâneos, visa em primeiro lugar a garantir a sobrevivência do grupo.

O tempo histórico, significativamente organizado em torno de datas magnas sempre lembradas e celebradas, constitui-se como o substituto racionalista do tempo sagrado. É o seu equivalente e possui a mesma função.

O tempo do indivíduo constrói-se a partir do tempo biológico e do tempo social. Deste último, recebe a função mítica dos ritos e da tradi-

---

7. BERGER. Op. cit., p. 138.

8. Ibid., p. 136.

9. *Pequeno dicionário brasileiro da língua portuguesa.* São Paulo: Abril, 1974, 3 v.

ção. O tempo biológico é um processo orientado num único sentido, para todas as espécies. "O indivíduo é uma seta apontada numa só direção, através do tempo, e a espécie também é orientada do passado para o futuro"[10].

Todo indivíduo possui em seus gens um estoque completo de informações acerca dos estados anteriores da espécie e, especialmente, da sua linhagem. Contém também gens que vão caracterizar os seus descendentes. Assim, em qualquer momento da sua trajetória, está presente a totalidade das informações sobre o conjunto do sistema, logo a implicação do passado e do futuro. A vivência do tempo biológico envolve, portanto, a de um presente que encerra as implicações passadas e futuras.

Que vem a ser o passado, para o indivíduo? Além da herança biológica implícita e raras vezes vivenciada, há também os ritmos fisiológicos, que dentro de si carregam a informação da periodicidade. Todas as aprendizagens e experiências somáticas fornecem ademais suporte para a vivência de um processo contínuo, de aquisição mas também de despojo que, à medida que constrói o indivíduo, do mesmo modo o encaminha para a decadência. As teorias biológicas apoiadas na cibernética conceituam o envelhecimento celular como acúmulo de ruído, isto é, de informações não aproveitáveis pelo organismo. Assim sendo, no próprio nível biológico, aparece a ambiguidade do processo temporal, de construção e destruição simultâneas. É o organismo que "escolhe" quais informações são para ele aproveitáveis, quais são espúrias. O conceito de ruído fundamenta-se na significação que determinada informação possui para o organismo. Desta maneira, de acordo com o "treino" e o desenvolvimento do organismo, tal informação será aproveitada ou rejeitada.

No mesmo sentido, o envelhecimento biológico, agora compreendido como saturação de informações, poderá ser considerado como algo negativo ou positivo. O processo biológico é, portanto, o fundamento do tempo individual. A sua mensagem é, contudo, ambígua, já

---

10. WIENER, N. *Cybernetics*. Paris: Hermann e Cie, 1948, p. 45.

que pode ser sentida tanto como perda quanto como ganho. Da mesma maneira que as demais dimensões do ser no mundo, a vivência temporal norteia-se de acordo com um registro de significações que dela se desprende, e que também modifica.

Às dimensões do ser no mundo, tais como foram formuladas por Binswanger, pode ser atribuído um significado temporal: o mundo circundante, compartilhado pelo homem e pelo animal, carregado de toda a herança da espécie e da linhagem, destaca-se então como a testemunha do passado, enquanto biológico. Nele se inclui aquilo que Delay chamou de *tempo sensório-motor*[11], tempo das periodicidades interoceptivas, do ritmo das mensagens sensorials, da recepção e transmissão das informações ao nível do sistema nervoso, tudo aquilo, enfim, que acompanha o desenrolar dos processos fisiológicos.

O mundo da coexistência, da convivência social, seria principalmente o mundo do presente. Cabe destacar que o mundo da tradição, seja o legado das histórias lendárias ou das instituições – e entre elas incluir-se-ia o uso do tempo como parâmetro da vida social – não é passado para a vivência individual. Como observa Heidegger, "o passado jamais segue o ser, mas o precede"[12]. A tradição representa um patrimônio que o indivíduo é instado a recolher. Sempre é colocada à sua frente. Entende-se agora o quanto a insinuação de moldes de sentir e de pensar, elaborados por outros, dentro de outras situações, pode ser estranha para o indivíduo, e tornar-se origem de desajustes. Muitas vezes, distúrbios encontrados em adolescentes não possuem outra origem: as expectativas do grupo esperam do adolescente a aquiescência da criança, exigem dele as atitudes do adulto que ainda virá a ser e, para resolver essa contradição, fornecem-lhe modelos pautados por uma tradição que, embora instilada desde o nascimento, é-lhe fundamentalmente estranha. É preciso dispor de privilegiado equipamento de adaptação à realidade, para conseguir superar tantas tensões, adequar-se às exigências externas sem mutilar-se, afirmar a individualidade sem lesar o ambiente.

---

11. DELAY, J. *Les dissolutions de la mémoire*. Paris: PUF, 1950, 152 p.

12. HEIDEGGER. Op. cit., p. 36.

O presente é, antes de mais nada, o tempo da ação imediata. No desenvolvimento da criança, o uso dos verbos no presente predomina em praticamente toda a fase pré-operatória[13]. Haveria uma etapa sincrética, de indiferenciação entre presente, passado e futuro, que talvez represente a vivência do tempo biológico, ou seja, de um presente que encerra as implicações passadas e futuras.

À medida que a criança vai adquirindo maior distanciamento em relação à experiência imediata, bem como o conhecimento das tradições do seu grupo social, passa ela então a interiorizar o tempo como parâmetro de ação, com as suas três categorias.

Binswanger, ao comentar o conceito de *horizonte existencial*, mostra claramente que, na vivência individual, não existe a separação entre passado e presente. Interpenetram-se. "A relação do presente individual com o passado não é em si determinada pelo passado, mas pelo horizonte dentro do qual são experimentados ao mesmo tempo presente e passado"[14]. Da mesma maneira, o futuro não é apenas experimentado como "tempo do projeto do homem", mas se entremeia com a vivência do presente e do passado. Nesta ordem de ideias, o passado não é imutável, pois o significado de um acontecimento se transforma juntamente com a história do indivíduo. O futuro também atua, enquanto esperança ou receio. Nessa perspectiva, não é o passado que determina o presente, nem este o futuro. Ao contrário, é o sentido da trajetória do ser que modifica a significação do passado e do presente.

Poder-se-ia representar o horizonte temporal mediante três círculos concêntricos: o círculo central indicaria a posição do passado, como núcleo biológico; o círculo intermediário expressaria a inclusão do passado dentro do presente, como substrato cujo significado é, contudo, orientado pela experiência atual; o círculo maior, por fim, designaria o abarcamento de presente e passado pelo futuro que, correspon-

---

13. PIAGET, J. *Le développement de la notion de temps chez l'enfant.* Paris: PUF, 1946.

14. NEEDLEMAN, J. "Critical Introduction to Ludwig Binswanger's existential psychoanalysis". In: BINSWANGER, L. *Being-in-the-world.* Nova York: Basic Books, 1963, p. 92.

dendo ao mundo próprio do destino individual, situaria o ser em sua especificidade.

A esfera do futuro, por tratar-se de uma dimensão conjetural, banha todo o horizonte existencial com uma luz equívoca. O futuro jamais é dado. É sonhado, temido, mas nunca conquistado, já que o seu limite sempre recua. Para o indivíduo, porém, o recuo acaba topando em obstáculo irremovível, que fixa em retorno todas as feições dos significados do seu mundo, repercutindo então na valorização do seu futuro, na vivência do seu presente, e na interpretação do passado. A esse termo do horizonte existencial, chama-se morte. O ser para a frente de si mesmo nada mais é do que o ser para a morte. É essa certeza inaceitável que fundamenta a ambiguidade do horizonte existencial. Todos os mitos de tempo são mitos de cataclismos, que buscam no fim do mundo uma promessa de ressurreição.

O tempo, antes definido como dimensão significativa do ser, vê então a sua origem revelada: o tempo é criação do homem, não apenas na forma de parâmetro que facilita a ordenação das ações humanas, mas sobretudo como tentativa de negar a morte. "A construção do tempo aparece", diz Gaston Berger, "como o resultado de uma fuga perante a realidade. O tempo não é símbolo de eternidade: é a sua paródia"[15].

O tempo não é intuição essencial, necessária à orientação do homem. É antes um edifício defensivo, construído para fazer de conta que o homem é poderoso, que a civilização permanece e que o "sentido da História" é o sentido do ser. Nasce da necessidade, para citar ainda Gaston Berger, de "superar o escândalo constantemente renovado das mortes e dos nascimentos"[16]. O tempo é a explicação que o homem dá do mundo, ou melhor dizendo, o tempo é um mito.

Todos os paradoxos do tempo tornam-se então óbvios e necessários. Constituem apenas um meio de expressar os próprios paradoxos da situação deste ser que constrói a sua vida na negação da sua realidade.

---

15. BERGER. Op. cit., p. 117.

16. Ibid., p. 138.

A esse respeito é esclarecedora a leitura das obras de ficção científica, que, no seu afã de integrar na vivência do homem comum as estranhas propriedades que a física moderna atribui ao mundo, trata frequentemente da viagem dentro do tempo *(time opera)*. As primeiras temáticas organizam-se em torno da fácil descrição de volta ao passado, pretexto para descrever civilizações extintas. Passa-se logo, porém, às especulações em torno da influência relativa do tempo e do homem: haverá possibilidade de manter a identidade através de tempos diferentes? Será lícito modificar o próprio futuro? O viajante no tempo não se perderá dos companheiros? ou de si mesmo?

Permanência, liberdade, identidade, são intuitivamente colocadas como problemas inerentes ao horizonte temporal. Os paradoxos do tempo são os paradoxos do homem.

Definir o tempo como mito equivale a situá-lo como *construção social*. É lícito ao indivíduo, no entanto, construir dentro dele a sua liberdade, integrar por conta própria a certeza da sua morte e, nas limitações do tempo operatório, assegurar o seu próprio tempo. É possível mas não é fácil. A civilização tecnológica é toda ela construída em torno do mito da onipotência, da permanência e do progresso. *Chronos,* o tempo, era figurado pelos antigos como ancião, carregando uma foice, que ceifava as vidas. Ou seja: tempo igual à morte. O que diz a civilização contemporânea? Tempo é dinheiro. Na perspectiva judaico--cristã, o tempo pertence a Deus, daí a condenação da usura. Cobrar juros é transformar o tempo em dinheiro, é especular sobre aquilo que pertence à transcendência.

Que saída encontrará um indivíduo, angustiado em seus projetos existenciais, engajado numa cultura que substitui "o tempo é a morte" por "o tempo é dinheiro"?

O homem não dispõe sobre a ocorrência de sua vida, nem sobre o seu término. Toda a tensão e grandeza do drama consiste na edificação da liberdade no meio de tanta coação[17]. Nesse sentido, muitas neuro-

---

17. CASTELLI; RICOEUR et al. *Temporalité et alienation.* Paris: Aubier Montaigne, 1975, 375 p.

ses atuais podem ser compreendidas como produto mais social do que propriamente individual, expressando o desajuste de uma pessoa que não encontra, nem dentro, nem fora de si, apoio para encarar a realidade de sua morte. Nas diversas idades do homem, pode ocorrer que o relacionamento do próprio homem com o seu tempo – isto é, a tensão entre a colocação do seu horizonte existencial e o mito social do tempo – passe por fases críticas, geradoras de desajustes graves.

A fase que mais chama a atenção liga-se ao envelhecimento: será a velhice decadência, ou sabedoria? Nessa apreciação, o juízo social entra em primeiro lugar. Em muitas sociedades, os anciãos são detentores do poder. Na cultura ocidental observa-se atualmente grande valorização da juventude, em torno do chamado "poder jovem". Significativa antes de mais nada da conquista de amplo mercado através da exploração de nova faixa de consumidores, essa "onda jovem" não deixa de expressar também a realidade de uma época de crise, em que se espera da juventude "aquilo que no mundo se perdeu"[18].

Caberia, no entanto, verificar se realmente ocorre uma tomada de poder pelos jovens. O que se observa é apenas manipulação. O mundo atual funciona ainda em termos de presbiocracia. Ao mesmo tempo, contudo, a imagem que se propõe como modelo de identificação tem corpo e feições jovens. Afirma-se a experiência do velho, mas se cultua a aparência do jovem. Sabedoria e decadência são as duas faces da mesma moeda.

Além da velhice, e da adolescência, já comentada, há na vida do homem diversos momentos de *reavaliação temporal*. Para o jovem, a entrada no mundo do trabalho supõe a sujeição a ritmos externos que podem ser vivenciados como violentação. A chegada à idade madura obriga o indivíduo a considerar que, daí para diante, estará descendo numa vertente que o levará à morte. Os diversos eventos biológicos dos quais participa – desaparecimento de parentes, experiência de acidente ou de moléstia grave, ocorrência de nascimento – são oportuni-

---

18. JASPERS, K. *A situação espiritual do nosso tempo*. Lisboa: Moraes Editores, 1968, p. 161.

dades para se proceder a eventuais reavaliações. Frequentemente, tais momentos passam quase que despercebidos, pois os moldes sociais sugerem sempre a minoração. Mas isso não impede que o indivíduo possa vivenciá-los com peculiar intensidade.

É mister assinalar também que a reavaliação do horizonte temporal não é necessariamente penosa. O nascimento de uma criança é abertura para um futuro amplamente disponível. Dar a vida é experimentar todas as dimensões do horizonte existencial, com a plena integração de passado, presente e futuro. Não se trata de uma das alegrias mais puras que um ser humano possa sentir?

Toda a fase de preparo do nascimento é motivo para reavaliar o próprio significado do destino individual. A gravidez, longe de ser uma fase regressiva, conforme postulam certas tolices psicanalíticas[19], propicia à mulher a inserção em toda a amplitude do vir a ser biológico, com os seus riscos e o seu enriquecimento em conjunto.

Da mesma maneira, o mais agudo prazer é encontrado numa atividade biológica essencialmente fundamentada no futuro, a procriação. Os desajustes na área sexual são classicamente interpretados como dificuldades de relacionamento, fundamentadas em problemas de autoaceitação. Não deveria ser levada em conta também a dimensão temporal do ato sexual? A fuga perante o futuro, o medo de assumir o próprio destino devem provocar a ambivalência perante o ato sexual, na dialética sempre presente do perder-se e ganhar-se.

Nesta ordem de ideias, a não aceitação da gravidez, desde que não explicável por motivos de pressão social ou econômica, é claro, e a rejeição da criança podem não ser exclusivamente reduzíveis a traumatismos afetivos antigos. Podem expressar também o pânico perante a irrupção de novo ser, que assegura a repetição do drama e, por assim dizer, repele os genitores para trás, transformando-os em seres do passado.

O enfoque existencial permite então alargar a compreensão do psicólogo. Ao lado da análise tradicional dos fatores afetivos, há toda

---

19. Como por exemplo: SOIFER, R. *Psicologia del embarazo, parto y puerperio.* Buenos Aires: Kargieman, 1973.

uma área ainda pouco explorada, que talvez possibilite uma percepção mais abrangente da realidade do cliente. A entrevista, detalhadamente rica no que se refere à história neurofisiológica do indivíduo (quando andou? falou? deixou de molhar a cama?) e às vivências das relações interpessoais na infância, pouco investiga em termos da perspectiva temporal orientada para o futuro. É relativamente fácil, porém, indagar do cliente: "procure descrever a sua vida daqui a dez anos", ou vinte anos, ou mais. Os jovens dificilmente conseguem elaborar projeções além de cinco ou dez anos. Parece que, à medida que o indivíduo vai acumulando anos, é-lhe mais fácil imaginar outros tantos anos pela frente. Uma pessoa (normal) de quarenta anos chega a imaginar-se com sessenta sem maior repugnância. É quase impossível a uma pessoa (normal) de vinte anos imaginar-se com quarenta. Seria até mais fácil projetar-se sob forma de um ancião de oitenta, pois a projeção passa a situar-se no plano da pura fantasia!

Quanto mais desajustada a pessoa, mais penosa a projeção. Pareceria até, em casos de neuroses, que é *vetado* pensar em termos de futuro. Um homem de 52 anos, portador de neurose fóbica, declara ao psicólogo: "Não posso ver nada à minha frente; penso que vou morrer no minuto seguinte; só consigo me ver morto".

Talvez se encontre algum psicólogo destemido, que tenha coragem de pedir ao cliente, no decorrer da entrevista: "Imagine a sua morte". A resposta a esta pergunta poderia trazer informações relevantes acerca da vivência do horizonte existencial. Mas isso supõe que o psicólogo consiga situar-se em sua própria perspectiva temporal.

A vivência do horizonte temporal desaparece na psicose. Cabem a Eugene Minkowski os louros da descoberta do déficit temporal como fenômeno primário de certas psicoses. A convivência com um melancólico que expressava delírio de ruína, de perda, levou-o, por comparação com a sua própria vivência temporal, à conclusão de que os aspectos "ideoafetivos" do delírio eram secundários a uma grave perturbação do tempo existencial. Para esse doente, o tempo afigurava-se parado, imóvel, sem nenhuma perspectiva. As ideias de ruína, de culpabilidade, intervinham então como tentativas de justificar a "modificação profunda da estrutura da vivência temporal"[20]. É a partir dessa observação que Minkowski passa a fundamentar a análise clínica no "método fenômeno-estrutural". Definindo o homem como o ser do tempo-espaço e da coexistência, considera que toda significação clínica estaria ligada a essas "pedras angulares da vida". A perturbação dentro do tempo do melancólico deixa de ser sintoma, para tornar-se causa.

Da mesma maneira, a esquizofrenia, em muitos aspectos, pode ser descrita como perturbação essencial do espaço-tempo. Uma doente declara: "Nada mais acontece, tudo parou, nem eu mais vivo. Sinto que o meu coração não bate. Ele parou como meus braços que são de vidro [...] Não sei se hoje é ontem"[21].

Para Minkowski, toda uma parte da psicopatologia deveria ser reconstruída a partir da *cronologia* existencial, ou seja, do estudo da estrutura íntima do tempo. Falta de coincidência entre tempo do mundo *(Weltzeit)* e tempo do Eu *(Ichzeit)* na melancolia, suspensão e perda do próprio conceito de tempo na esquizofrenia, atestam que "cada estrutura peculiar diz respeito, em última análise, à maneira como o indivíduo se situa em relação à vivência do tempo e do espaço"[22]. Longe de serem aspectos adjetivos na expressão de experiências específicas, tempo e espaço afirmam-se como dimensões significativas do ser.

---

20. MINKOWSKI, E. *Traité de Psychopathologie générale.* Paris: PUF, 1966, p. 468.

21. OLIVEIRA, A.L.P. *Tempo e espaço na esquizofrenia.* Dissertação de mestrado, PUC-RJ, 1976 [Exemplar mimeografado, p. 2.].

22. MINKOWSKI, E. *Recueil d'articles 1923-1965* – Cahiers du Groupe d'études Françoise Minkowska. Paris: [s.e.], 1965, p. 91.

4. O Espaço

"O lugar é uma parte do ser".
Cassirer[1]

O essencial do significado do espaço vem expresso no relato que Gaiarsa faz de um sonho:

"Eu estava em movimento e percebia que cada fibra muscular (ou cada unidade motora) do meu corpo comportava-se como um segmento de reta, que se prolongava até o infinito nas duas direções. Cada músculo era então uma condensação de linhas: conforme o músculo, a região ou o movimento, eu me sentia como uma soma de leques, abrindo-se ou fechando-se em todas as direções imagináveis [...]. Orientando adequadamente braços e mãos, eu podia fazer com que este grande número de linhas se cruzasse de todas as formas possíveis. Dada a existência de verdadeiros pincéis de linhas, quando eles se cruzavam com incidências variáveis, podiam traçar curvas e volumes que eram verdadeiras integrais e diferenciais acontecendo no espaço"[2].

Nessa imagem está figurada toda a dinâmica do espaço humano. As dimensões do espaço são criadas a partir das extensões do corpo. O ser é o seu centro. O espaço é aberto e orientado pela movimentação do ser dentro do mundo. Ontologicamente, a espacialidade do ser no mundo está presente no próprio conceito heideggeriano do *Dasein* – o

---

1. CASSIRER. *La philosophie des formes symboliques.* Vol. II, [s.l.]: [s.e.], [s.d.], p. 119.

2. GAIARSA, J.A. *Psicologia do movimento.* São Paulo: IESRB, 1966 [Departamento de Psicologia de Itatiba. Exemplar mimeografado, p. 1.].

ser aí – cujo existir inclui o espaço, como inclui o mundo. "O espaço", escreve Heidegger, "só pode ser compreendido a partir do mundo"[3]. O mundo é aqui entendido exclusivamente como sítio humano, orientado e dimensionado pelo homem, ou seja, "caracterizado como um momento estrutural do ser no mundo"[4]. Nessa perspectiva, o espaço não é considerado como uma ordem, já dada, em que as coisas vão se colocando. Ao contrário, é a organização do mundo dos objetos que orienta os lugares.

No espaço da coexistência, os homens tecem redes que os aproximam e os afastam, organizando o mundo de maneira a assegurar áreas recíprocas de movimentação. Em termos de vivência, o espaço tridimensional revela-se como intuição fundamental, construída a partir da movimentação do corpo, sentido como centro. Em cima e embaixo, esquerda e direita, perto ou longe, à frente ou atrás, definem as características da tridimensionalidade.

Os mitos de organização do mundo expressam repetidamente essa estruturação tridimensional a partir de um centro. O centro é, segundo Mircea Eliade, o umbigo do espaço sagrado. Nele se encontram todos os caminhos do mundo, imanente ou transcendente. Lá se congregam as forças mágicas. Estabelece-se a comunicação entre o mundo invisível e visível, entre superior e inferior, norte e sul, direita e esquerda.

No candomblé, a encruzilhada pertence a Exu, que tem por função estabelecer a comunicação entre homens e deuses, e que também abre as portas do tempo, pois preside ao jogo de búzios. Exu é da mesma forma dono do limiar, da soleira da porta, debaixo da qual se enterra uma imagem sua, de barro[5]. Dono da abertura de todas as dimensões do mundo, Exu é um orixá de trato perigoso. É que o território sagrado

---

3. HEIDEGGER, *L'être et le Temps*. Paris: Gallimard, 1964, p. 143.

4. Ibid., p. 129.

5. A função comunicativa de Exu é a tal ponto destacada que, no Haiti, e até mesmo em Porto Alegre, chega a ser sincretizado com São Pedro, detentor das chaves do Céu (BASTIDE, R. *As religiões africanas no Brasil*. São Paulo: Pioneira. 1971, Vol. 2, p. 363).

é estreitamente delimitado. Ultrapassar-lhe os limites leva a subverter a organização do mundo.

Na literatura de ficção científica, os temas de passagem para o *hiperespaço* descrevem constantemente os perigos da transgressão: se o nosso espaço tridimensional é a extensão do corpo, a viagem no espaço de *n* dimensões não provocará em retorno a implosão deste corpo?

Os velhos mitos já asseguram: herói é quem consegue transpor os umbrais, passar de um território para outro. O templo – de *templum,* "aquilo que é delimitado" – é um asilo inviolável.

Os estudos da etologia chamaram a atenção para a importância do território no mundo animal. Até mesmo um animal tão domesticado como o cachorro insiste em delimitar o seu território e identificar os territórios alheios pela marcação com a urina. A moderna ecologia humana preocupa-se em reconhecer, na organização da cidade e no espaço concedido a cada cidadão, o manejamento do território.

No direito romano, o dimensionamento do espaço possui origem religiosa. "A agrimensão, essa arte fundamental de "limitação" que, no sentido jurídico e religioso, é a única fonte da propriedade estável, está sempre ligada à organização consagrada do espaço"[6]. Do espaço sagrado, chega-se ao *ager publicus* que pertence ao estado, e em seguida ao *ager divisus et adsignatus,* a propriedade privada. Os limites de ambos não devem ser transpostos.

O espaço próprio, sendo extensão do corpo, não pode ser invadido. Constitui condição imprescindível de sobrevivência, tal como os limites corporais. É, textualmente, o *espaço vital,* cuja extensão deve ser mantida, custe o que custar. Toda a história do mundo é escrita em termos de manutenção e expansão do território, e em nenhum outro campo a transgressão dos limites acarreta mais dores e sofrimentos[7].

---

6. CASSIRER. *La Philosophie des Formes Symboliques.*Vol. II. [s.l.]: [s.e.], [s.d.], p. 128.

7. Haveria lugar para toda uma discussão da proximidade sentida como fundamento da propriedade. Por exemplo, observa-se que, em russo, para indicar "este objeto é meu", diz-se textualmente "este objeto está perto de mim" *(u menia iest).*

Para o indivíduo, porém, é apenas recente o enfoque da *proxêmica,* que visa situá-lo em sua territorialidade. É possível interpretar diversas neuroses do cidadão que vive em meio urbano superpovoado, como sendo produtos da transgressão do território individual. O acúmulo de edifícios, o amontoamento de meios de transporte reduzem as dimensões do território às fronteiras do corpo, não raro espremido também.

Os animais selvagens, quando transportados fora do seu *habitat* natural, frequentemente definham e morrem, sem que nenhuma causa orgânica possa ser identificada. Pessoas transplantadas apresentam reações de depressão e, até mesmo, quadros de despersonalização. Despojadas dos marcos costumeiros do seu território, perdem também o seu centro. O espaço, ordenado como extensão do corpo, é vivenciado como parte integrante da unidade corpórea. Jaspers observa: "Curioso é o fato de nossa consciência corpórea não se restringir aos limites de nosso corpo [...]. O espaço de nosso corpo anatômico se estende até onde vai esta sensação de unidade conosco. Assim o carro que dirijo..."[8]

Parece que haveria um campo bastante amplo de utilização do enfoque proxêmico, na aplicação à prevenção dos acidentes de trânsito. Nesse caso, a manutenção do território de cada um seria condição de preservação mútua. A "guerra do trânsito", como as demais, é também luta territorial.

Poder-se-ia dizer então que o espaço é o corpo do homem, não sendo limitado às suas fronteiras somáticas mas incluindo as extensões implícitas. Seria aquilo que Minkowski chama de *espaço primitivo:* "Tenho à frente a minha faculdade de percorrer o espaço, um espaço que nada tem de geométrico nem quantitativo, é verdade, mas que nem por isso deixa de estender-se, massa sombria, a meu redor, e que me sinto capaz de percorrer em todas as direções, sem ver nele nada preciso, salvo esta faculdade de percorrê-lo e nele construir algo"[9].

A vivência do espaço expressa-se deste modo através da fenomenologia da corporeidade vivida, na sua presença e movimentação.

---

8. JASPERS, K. *Psicopatologia geral.* Rio de Janeiro: Ateneu, 1973, vol. 1, p. 110.

9. MINKOWSKI, E. *Vers une cosmologie.* Paris: Aubier-Montaigne, 1967, p. 74.

Nesse ponto, o *espaço primitivo* é a morada do homem e como tal, o seu significado pode ser aproximado a partir da análise da casa, espaço criado pelo homem para assegurar a sua proteção. Conforme Bachelard, "todo espaço verdadeiramente habitado carrega a essência do conceito de casa"[10]. O espaço humano é por definição *construído*.

Proteção e extensão do corpo, a casa é por excelência o território próprio. Estende-se em todas as direções da espacialidade: em cima, por baixo, ao lado, em frente, atrás. Nela, o homem é realmente o centro do espaço. Recentemente, um grupo de arquitetos teve a feliz ideia de pedir a crianças, na faixa dos 5 aos 12 anos, que desenhassem a casa em que gostariam de morar[11]. Surgiram então construções em que domina a verticalidade, com superposição de cavidades, de ninhos poder-se-ia dizer, com escadas para subir e descer, permitindo ao mesmo tempo a abertura para o mundo exterior, e a possibilidade do retraimento. Isolar-se e comunicar: é para isso que serve o espaço. Pobre da criança que não tem acesso a uma área aberta, disponível, para movimentar-se com as demais. Ai daquela que não consegue construir um abrigo, ninho ou cova, para o qual seja preciso subir ou descer. Os apartamentos modernos só propõem horizontalidade. "Os elevadores destroem os heroísmos da escada"[12]. Os edifícios respondem ao antigo *slogan* de Le Corbusier – a máquina de morar – acentuando a máquina, sem levar em conta as vivências do morar. A casa compreendida como extensão do espaço interno e meio de comunicação com o espaço externo afirma-se no entanto na arquitetura contemporânea, especificamente a partir dos trabalhos de F.L. Wright. Os homens da cidade, contudo, estão condenados à superposição, em vez da verticalidade, ao amontoamento, em vez da comunicação, à solidão, em vez do abrigo.

Poder-se-á imaginar, logo, uma patologia do espaço construído, no qual a finalidade se perdeu totalmente: "En el palácio que imperfectamente exploré, la arquitetura carecia de fín. Abundaban el corre-

---

10. BACHELARD, G. *La poétique de l'espace*. Paris: PUF, 1974, p. 24.

11. "Des maisons belles ou l'on s'amuse". *Elle*. Paris: [s.e.], 1974, n. 1497, p. 112-119.

12. BACHELARD. Op. cit., p. 42.

dor sin salida, la alta ventana inalcanzable, la aparatosa puerta que dava a una celda o a un pozo, las increíbles escaleras inversas, con los peldaños y la balaustrada hacia abajo"[13].

O horror que provoca este palácio imaginado por Borges, com as suas escadas invertidas, que não servem nem para subir nem para descer, exemplifica bem, pelo absurdo, que tanto o fim como a origem do espaço construído é o território do homem.

Outra construção estranha, o labirinto, constante quase obsessiva do espaço borgeano, representa uma imagem do mundo que focaliza a dialética do perder-se e encontrar-se. Organiza-se em torno de um centro, difícil de achar, pois é o próprio centro do ser. "Feito para confundir", como confessa Borges, o labirinto, tal como o *mandala,* ajuda o indivíduo a encontrar o seu centro. Os labirintos de folhagem, frequentes nos jardins barrocos, conseguem subverter o espaço físico, transformando-o em espaço espiritual. O caminho mais longo dentro da menor área ensina que "o centro é ao mesmo tempo acessível e difícil", e que "o homem só pode viver dentro de um espaço sagrado, que é o *centro*"[14].

O espaço da arquitetura, submetido às leis da geometria e da física, revela-se agora em sua dimensão mítica. O espaço primitivo, que através dele se expressa, vai também dar significação ao espaço interno. Diversos autores, citados por Bachelard em sua *Poética do Espaço,* hipotetizam uma correspondência entre arquitetura e anatomia. Um deles sugere pesquisar se "as formas que o pássaro dá ao seu ninho não teriam alguma analogia com sua constituição interna"[15]. Tal fantasia conduz ao exame do corpo como espaço vivido.

Como já foi dito a respeito da casa, o corpo estabelece o espaço interno, ao mesmo tempo que funciona como elemento de comunicação com o espaço externo. É limite do indivíduo e fronteira do meio. "A consciência de ser um corpo parece indispensável à diferenciação en-

---

13. BORGES, J.L. *El Aleph.* Buenos Aires: Emecé, [s.d.], p. 16.

14. ELIADE, M. *Images et symboles.* Páris: Gallimard, 1952, p. 70.

15. BACHELARD. Op. cit., p. 100.

tre eu e não eu [...]. Fazendo parte ao mesmo tempo do sujeito e do objeto, o corpo tem por função estabelecer a relação entre o eu e o mundo exterior"[16]. Manifestação da individualidade, garantia da identidade, o corpo expressa toda a ambiguidade existencial.

A sua disposição interna não é vivenciada. Passa-se por alto a anatomia. A fisiologia é apenas subentendida. Não se percebem os órgãos internos, a não ser que uma dor denuncie algum distúrbio em seu funcionamento. As partes do próprio corpo jamais podem ser apreendidas em seu conjunto. Vê-se a totalidade do corpo de outra pessoa. Do próprio corpo, a percepção é fragmentada, e o reconhecimento, dúbio. A visão repentina do corpo revelado como um objeto qualquer dentro do mundo, tal como pode ocorrer perante um espelho inesperado, costuma provocar estranheza e até espanto. O corpo do outro me é mais familiar do que o meu próprio. Como bem observa Gaiarsa, "ninguém conversa com o seu próprio corpo"[17].

Os autores que se preocuparam com a observação de pacientes portadores de assomatognosia mostraram que todo o referencial necessário a qualquer movimento dentro do espaço apoia-se na imagem corporal, ou seja, no significado geral que o próprio corpo possui para o indivíduo.

O conceito de esquema corporal elaborado por Head fundamenta-se na representação cortical das diversas partes do corpo. Não deve ser mera coincidência se a primeira representação gráfica da figura humana desenhada pela criança *(homme-têtard)* oferece total semelhança com o bonequinho de Head, com a sua cabeça enorme e órgãos preênseis desproporcionados. Da mesma maneira, Goldstein conclui que o significado do corpo humano determina a estrutura da sua representação[18].

Entre as neuroses, a histeria de conversão oferece disso o mais belo exemplo. O histérico elege uma parte do corpo para representar o

---

16. SECHEHAYE. Apud NEEDLEMAN. *Critical introduction to Ludwig Binswanger's existencial analysis.* [s.l.]: [s.e.], [s.d.].

17. GAIARSA, J.A. *O espelho mágico.* Petrópolis: Vozes, 1973, p. 9.

18. GOLDSTEIN, K. *La structure de vorganisme.* [s.l.]: [s.e.], [s.d.].

seu conflito, parte essa que geralmente nada tem que ver com o problema específico. Assim, a laringe toma o lugar da vagina. A função própria e a significação original do órgão são substituídas por um sentido abstrato, ou melhor, o órgão perde a sua função fisiológica para transformar-se em símbolo. Deste modo uma neurose que aparentemente escolhe o corpo como meio privilegiado de expressão, de fato o despreza e o ignora como realidade.

Alonso Fernández registra que atualmente as neuroses de expressão corporal têm sido dominadas pelo quadro hipocondríaco e, mais especificamente, pelo que chama de *neurose visceral*. Na medida em que se dirige para um "público", o sintoma histérico ainda é comunicativo. Ao passo que "o plano visceral possui um valor comunicante bem escasso. Quase se torna mudo para o próximo"[19]. Nesse sentido, a neurose visceral representaria a interiorização da angústia vital. Numa civilização dominada pela busca do bem-estar, do prazer e da ausência de dor, em que "a morada corpórea do ser aparece como algo mais importante do que o ser"[20], a angústia existencial expressar-se-ia, pois, pela valorização mórbida do corpo-por-dentro.

Em nossa cultura, a dificuldade de conhecer o próprio corpo como unidade integrada tem encontrado soluções diversas. A tradicional apresenta o corpo como simples receptáculo da alma, invólucro desprezível que não merece atenção. O dogma católico, no entanto, inclui em seu *Credo* a ênfase na *ressurreição da carne*. Por mais glorioso que venha a ser o corpo no Dia do Juízo, ainda se afirma como corporeidade. Na mesma perspectiva, o Dogma da Encarnação insiste em que é preciso assumir a carne para realizar-se na transcendência. A moral vulgar, porém, pauta-se na escotomização. A distinção alma-corpo vem acrescentar cortes no esquema corporal. Há no corpo partes nobres e ignóbeis, superiores e inferiores. Todos os orifícios do corpo, que são para Schilder as "partes mais importantes"[21], pois deli-

---

19. ALONSO FERNÁNDEZ, F. *Fundamentos de la psiquiatria actual*. Vol. 2. Madri: Paz-Montalvo, 1972, p. 54.

20. Ibid., p. 76.

21. SCHILDER, P. *Imagen y apariencia del cuerpo humano*. Buenos Aires: Paidós, 1958, p. 80.

neiam zonas mais sensíveis, são objetos de suspeita. Situadas que são abaixo da superfície do corpo, propõem perigosas escorregadelas *para dentro,* dentro da angústia e da realidade.

A reação atual em prol da pornografia, que surgiu primeiramente em países de funda tradição puritana, obedece ao mesmo esquema de divisão do corpo. Focalizar exclusivamente os órgãos genitais é tão desintegrador para a unidade corporal quanto apartá-los.

Outra solução, aparentemente mais satisfatória, tem sido valorizada pelo consenso geral: é o que se poderia chamar de glorificação contemporânea do corpo. Juntamente com o desenvolvimento dos meios de comunicação de massa, e da consequente expansão da publicidade, têm-se proposto como modelo de identificação imagens de corpos jovens, de beleza quase perfeita. A distância entre o modelo da revista e o reflexo no espelho também contribui para a dificuldade de integração. Não se trata apenas de conciliar senso de realidade e aspirações narcisistas. O que propõem as fotografias são corpos imaginários, abstratos, intangíveis e, por assim dizer, eternos. Não são submetidos à dor, nem ao envelhecimento, ainda menos à morte. Daí a fuga, diz Alonso Fernández, para dentro da hipocondria. Pois o corpo verdadeiro carrega em si toda a mensagem da imperfeição e da impermanência.

Conta a tradição budista que o Príncipe Sidarta fora criado longe de todos os males. No dia em que saiu para conhecer o mundo, encontrou sucessivamente um velho, um doente, e um cadáver, e resolveu consagrar a sua vida à busca da verdade. Vale dizer: é através da decadência física que se expressa, inegavelmente, a irreversibilidade do processo biológico.

Origem do espaço, o corpo situa-se também como testemunha do tempo em que passa. O belo corpo da modelo funciona então como tentativa de negar a impermanência e a ameaça do futuro. Mas o distanciamento da realidade pode tornar-se fonte de desajustamento. Um dos obstáculos que a mulher contemporânea terá de vencer, no seu caminho de afirmação, reside na superestimação da superfície do corpo que lhe foi imposta como bem supremo. No entanto, a sua fisiologia peculiar situou a mulher num plano privilegiado para vivenciar a dor, o sangue, o corpo por dentro, com mais intensidade do que o homem. Mas essas vivências sempre foram ocultadas como segredos muito íntimos, quiçá vergonhosos.

Deveria constituir motivo de meditação o fato de que, até hoje, nenhuma pesquisa séria tenha sido dedicada, por exemplo, às vivências em torno da menstruação. Objeto de temores e de anseios por parte das adolescentes pré-pubertárias, origem de inúmeros tabus para o pensamento mágico, a menstruação constitui quase que um complexo mitológico para a mulher, no decorrer de toda a sua vida fértil, da puberdade ao climatério. Afora um capítulo do livro de Helen Deutsch sobre *A Psicologia das mulheres*[22], pouca coisa foi escrita em torno desse tema, geralmente colocado como um simples aspecto, entre tantos, no campo da sexualidade, ou enfocado exclusivamente em seus aspectos fisiológicos.

A sexualidade tem-se tornado ultimamente o ponto mais realçado no que diz respeito à dificuldade de integração da unidade corpórea. De um ponto de vista existencial, cabe acentuar que a atividade sexual não é apenas princípio de realização de desejos e descarga de energia, mas essencialmente encontro e comunicação. Da mesma maneira que assumir a integralidade do corpo é conscientizá-lo em seu duplo papel de delimitação e comunicação entre mundo interno e externo, unir-se sexualmente é vivenciar a dupla situação de complementaridade e separação. Nenhum comportamento expressa melhor a dialética do existir: fusão-divisão, alteridade-identidade, e comunicação em todos os níveis, biológico, afetivo e espiritual. É até comunicativo dentro do tempo, pois no ato da geração juntam-se todas as informações provindas das duas linhagens, e inicia-se o processo, orientado para o futuro, que produzirá um indivíduo novo, totalmente original.

Compreende-se que as neuroses incluem geralmente, no seu quadro de sintomas, importante diminuição da atividade sexual. Uma pessoa tolhida em sua expansão vital, cujo processo de encontro consigo própria está freado ou desvirtuado, dificilmente terá meios de permi-

---

22. DEUTSCH, H. *La Psychologie des femmes.*Vo. I. Paris: PUF, 1949, p.133-161.

tir-se um ato que se destaca como a confluência de todas as linhas de tensão existencial.

Na atividade sexual, o corpo do outro, além de ser objeto de desejo e causa de prazer, serve também para delimitar o próprio corpo, sentir-lhe a extensão, explorar-lhe as potencialidades, descobrir-lhe novas propriedades. O corpo do outro assim contribui para o enriquecimento da imagem corporal.

O processo de construção desta imagem inicia-se juntamente com as primeiras relações da criança com o seu meio humano. A descoberta do corpo vai progredindo, acompanhada da percepção do rosto, das mãos, do corpo enfim, do outro, e culminando com a imagem fornecida pelo espelho. A comunicação da imagem corporal fundamenta então a identificação, "ou seja, a transformação produzida pelo sujeito quando ele assume uma imagem"[23].

Deste modo, o corpo e a sua imagem são fenômenos eminentemente sociais. Não só comunicam, como também se constroem socialmente.

Na adolescência, ao aparecimento de novos comportamentos fisiológicos, junta-se o crescimento, nem sempre proporcional, de diversas partes do corpo. Num prazo às vezes diminuto, o corpo se transforma e passa a ocupar no espaço um volume inusitado. Os movimentos tornam-se facilmente desastrados, as atitudes, desajeitadas. O adolescente, já tão inseguro em relação ao seu papel social e sexual, ainda tem de adaptar-se às novas feições do seu corpo, e até às suas novas dimensões. Daí a imagem ser foco de atenções ansiosas. Ora o jovem se cobre de enfeites, adotando modas extravagantes, manifestando enorme preocupação a respeito da apresentação pessoal, ora parte para a rejeição de qualquer asseio e se entrega ao mais total desleixo. Não é impossível que ambas as atitudes coexistam no mesmo indivíduo.

No ambiente urbano, é raro além disso que o adolescente disponha de um aposento que seja só dele. A reivindicação tão comum do "cantinho pessoal" não manifesta apenas desejo de isolar-se, ou de experimentar a própria criatividade na arrumação do ambiente. Visa so-

---

23. LACAN, J. "Le stade du Miroir". *Ecrits I.* Paris: Seuil, 1971, p. 90.

bretudo assegurar um espaço novo, individual, no qual possa tomar medidas por si mesmo. É possível que na velhice também haja certo problema em relação ao espaço. A diminuição da movimentação pode provocar um estreitamento do espaço pessoal. O indivíduo sente-se como que perdido em dimensões espaciais que o excedem.

Mas na velhice, na doença e na morte, para retomar a tríade do conto budista, o que domina é a decadência do corpo e o seu sofrimento. A dor é necessária para a sobrevivência. Informa que os limites estão sendo ultrapassados. Adverte da presença da destruição. Nietzsche chamou o corpo de "criação da vontade de domínio" *(Herrschaftgebilde)*[24]. Suporte material do desejo de assenhorear-se do mundo, o corpo estipula que este domínio tem limites e fim. Reconhecer a inevitabilidade do sofrimento e da limitação da atividade não é resignação passiva, adaptação à realidade. Nessa perspectiva, toda superestimação da "morada corpórea do ser" revela a alienação oriunda da vontade de domínio.

A moda contemporânea das técnicas ditas de "expressão corporal", do ioga, das lutas orientais, parece expressar a busca de algum sentido perdido do corpo. A psicoterapia descobre o valor do não verbal, a importância do movimento. Tais procedimentos parecem atender, antes que as neuroses individuais, a um grande processo cultural que, nos seus excessos, pode chegar até a despersonalização.

A psicologia clínica, por enquanto, parece ter dedicado pouca atenção ainda aos conceitos de espaço primitivo e de território pessoal. No entanto, várias doenças psíquicas poderiam ser descritas como alterações primordiais do espaço. Dentro das neuroses fóbicas, não parece haver dúvida de que as mais exemplares expressam uma patologia da vivência espacial. Agorafobia, claustrofobia, acrofobia revelam a angústia ligada à possibilidade de transgressão das fronteiras do território. Nessas perturbações, o espaço primitivo vê-se ameaçado. Ora corre o risco de ser invadido, reduzido em sua expansão (por exemplo na claustrofobia), ora os seus limites são tão fluidos, tão mal

---

24. Apud SCHILDER. Op. cit., p. 94.

definidos que o indivíduo, ao transpô-los, fica exposto a terríveis perigos, à morte talvez. A insegurança em torno do centro da personalidade provoca a porosidade do espaço primitivo. Em certas psicoses, é o próprio corpo que se torna permeável. Deleuze chega a falar de *"corpo-peneira"*[25]. Na esquizofrenia, concomitantemente às perturbações da vivência temporal, ocorrem também importantes modificações do espaço vivido. É frequente a petrificação, parada no tempo e no espaço. O movimento carece de plasticidade, transforma-se em repetição estereotipada, até congelar-se no mundo catatônico.

As direções espaciais perdem o significado. Altera-se a proporção relativa entre os objetos e o cenário. O aposento dilata-se até atingir um tamanho cósmico. Ou, pelo contrário, ocorre o estreitamento do ambiente, "apertando" e até "sufocando" o doente: "É o fim, é o fim, está tudo apertado. Tudo vai cair, está caindo. É tudo apertado, tão pequeno que não me cabe. As paredes da sala estão se juntando. Nada me cabe, tudo aperta"[26]. Ao expressar essa vivência aterrorizante, a doente encolhe-se no chão, numa mímica de alguém que estivesse sendo pressionado pelas paredes que se fecham sobre ele.

Um dos últimos desenhos produzidos por Vagn, jovem *cartunista* que morreu aos 23 anos, internado com o diagnóstico de esquizofrenia, representava um rosto distorcido, gritando, *engolido* por uma parede.

A perda das relações espaciais na esquizofrenia vai muito além da simples desorientação. As linhas que constroem as extensões do espaço a partir do corpo também obedecem ao processo de *Spaltung*. Escreve Sá Carneiro

> *Não sinto o espaço que encerro*
> *Nem as linhas que projeto;*
> *Se me olho a um espelho, erro:*
> *Não me acho no que projeto*[27].

---

25. *Corps-passoire,* apud PANKOW, G. "L'image du corps dans la psychose hystérique". *Revue Française de Psychanalyse* . [s.l.]: [s.e.], 1973, t. XXXVII, p. 417.

26. OLIVEIRA, A.L.P. *Tempo e espaço na esquizofrenia.* Rio de Janeiro: PUC-Rio, 1976 [Dissertação de Mestrado. Exemplar mimeografado, p. 46.].

27. SÁ CARNEIRO, M. *Todos os poemas.* Rio de Janeiro: José Aguilar, 1974, p. 49.

Este *sinal do espelho,* classicamente ligado à perda da identidade, bem mostra aqui o seu vínculo com a desagregação do espaço. Melhor seria dizer que a dissociação parece atingir o âmago do ser no mundo, deslocando o corpo – referência da identidade – dentro de um tempo-espaço que perdeu os seus limites humanos.

Verifica-se o mesmo fenômeno na experiência com alucinógenos, e talvez a melhor expressão da total subversão do corpo e do espaço que então sobrevém, se encontre no grito de Henri Michaux, poeta belga que experimentou a mescalina, várias décadas antes da moda psicodélica: *"L'espace, mais vous ne pouvez concevoir, cet horrible en dedans-en dehors qu'est le vrai espace"*[28].

"Este horrível dentro-fora" consagra o esboroamento dos limites do corpo e do ser.

Na prática clínica, portanto, é de suma importância a investigação da vivência espacial do cliente. Correndo o risco da redundância, é preciso lembrar que o psicólogo clínico, salvo aquele que já trabalha dentro de uma instituição dedicada ao atendimento psiquiátrico, tem poucas oportunidades, no dia a dia do seu consultório, de lidar com portadores de perturbações psiquiátricas francas e declaradas. Mas é frequente, isto sim, defrontar-se com pessoas que iniciem um processo patológico, que se apresenta então velado, ainda atípico. Nesses casos, muitas vezes, a investigação sistemática da vivência espácio-temporal pode contribuir decisivamente para levantar hipóteses diagnosticas precisas.

No caso do espaço, as eventuais distorções são dificilmente expressas verbalmente na entrevista. Somente o corpo é enfocado como origem de queixas, que podem ir desde a insegurança estética até as preocupações hipocondríacas. A mera observação da movimentação do cliente – usual para crianças na chamada "sessão livre" mas estranhamente pouco explorada em se tratando de adultos ou adolescentes – já pode trazer informações acerca dos limites do território e do comportamento dentro dele.

---

28. "O espaço, que não podeis conceber, este horrível dentro-fora que é o verdadeiro espaço". MICHAUX, H. *Nouvelles de l'étranger.* Paris: Mercure de France, 1952, p. 91.

Certos testes podem sobretudo contribuir eficazmente para a observação da vivência espacial. As técnicas genericamente designadas pela alcunha de "grafismo" consistem essencialmente em provas de organização significativa do espaço. O teste da árvore, talvez o mais difundido, apoia-se explicitamente em hipóteses sobre o significado da orientação no espaço vital. Koch[29] recomenda que, além da estrutura e das peculiaridades da árvore em si, seja levada em conta a utilização do espaço proposto pela folha branca.

O traço, que em testes de "grafismo" deveria ser o elemento mais investigado, representa o testemunho da movimentação do indivíduo dentro do espaço. A utilização mais corriqueira desses testes, contudo, raras vezes se apoia no traçado e na organização do espaço, restringindo-se, lastimavelmente, a interpretações acerca do significado do conteúdo da representação.

As peculiaridades do traço e a organização do espaço fundamentam um teste específico de movimento e orientação: o PMK de Mira y López que, malgrado a tenuidade dos estudos teóricos, parece digno de crédito[30].

Uma técnica de análise do movimento dentro do espaço, hoje caída em total desuso, deve contudo ser lembrada. A grafologia, pasto para divagações e receitas de jornal, nem por isso merece o desprezo universal que a esmagou. Considerando a escrita como registro do movimento do escritor dentro do tempo e do espaço, Pulver propõe um "esquema simbólico do espaço interior", que permite orientar a compreensão e a interpretação da escrita individual[31].

Valeria a pena retomar os pressupostos de Pulver e Klages para submetê-los à validação. Espera-se que os resultados de uma análise grafológica honesta não se mostrem inferiores, como descritores de

---

29. KOCH, P. *Le test de l'arbre.* Paris: [s.e.], 1958.

30. GALLAND DE MIRA, A. *Estudo analítico da bibliografia do PMK.* Rio de Janeiro: [s.e.], [s.d.].

31. PULVER, M. *Le symbolisme de l'ecriture.* Paris: Stock, 1953.

comportamento, aos achados de técnicas atualmente mais em voga, e cuja validade nem por isso se revela tão segura.

Outra prova, ainda pouco conhecida, fundamenta-se em estudo aprofundado do espaço figurativo, considerado como "testemunha fidedigna do modo de ser no mundo"[32]. É o D. 10, de Jean Le Men, que consiste no desenho de uma paisagem, comportando dez elementos invariantes. Partindo do estudo da evolução do espaço na pintura ocidental, o autor encontra na concepção do espaço construído – fonte de segurança e de ambiguidade – justificativa para relacionar as estruturas do desenho com traços de personalidade, através de um sistema de medidas razoavelmente objetivas. Nesse aspecto, em particular, parece bem superior ao conjunto das provas ditas de "grafismo".

Nessa rápida revisão de técnicas de exame que se baseiam explicitamente na organização do espaço[33] o que dizer do psicodiagnóstico de Rorschach? Suscitando "uma adaptação a determinados estímulos externos, uma intervenção da *função do real*"[34], a técnica consiste em interpretar formas fortuitas que obedeçam a "certas condições de ritmo espacial"[35]. As manchas têm extensão, tamanhos relativos, distribuições diversas. Embora obtidas ao acaso, oferecem singularidades de estrutura cuja sugestão pode provocar certas constâncias nos perceptos. O fato de algumas manchas serem mais "maciças", outras mais "espalhadas", provoca necessariamente o jogo de mecanismos diversos na adaptação ao estímulo. A sucessão das pranchas obriga então o examinando a reformular constantemente os seus esquemas de interpretação. A flexibilidade em mover-se dentro de estímulos espaciais vários pode, portanto, vir a ser um meio de avaliar a riqueza dos recursos adaptativos, quer no plano intelectual, quer afetivo. Inversa-

---

32. LE MEN, J. *L'espace figuratif et les structures de la personnalité.* Paris: PUF, 1966, p. 159.

33. Não se pretende levantar uma lista exaustiva. Entre tais técnicas, situar-se-iam também: o teste da Aldeia, o do Mundo e, em certa medida, o teste de Pirâmides de Pfister e o Mosaico de Löwenfeld.

34. RORSCHACH, H. *Psychodiagnostic.* Paris: PUF, 1953, p. 133 [grifos do autor].

35. Ibid., p. 1.

mente, a perseveração e a pouca variedade de respostas a estímulos diferentes revela embotamento e inibição. Desta maneira, vê-se que toda a estruturação dos perceptos pode ser formulada em termos de adaptação mais ou menos flexível a estímulos espaciais. Mucchielli, dentro dessa perspectiva, contribui para a interpretação tradicional do modo de apreensão com um acréscimo singularmente heurístico, e bastante satisfatório para quem tende a situar o Rorschach na área da fenomenologia da percepção[36].

Com efeito, tudo o que diz respeito às categorias de localização, refere-se implicitamente à organização do espaço individual. O modo de apreensão é um elemento de diagnóstico, passível de enquadramento numa tipologia: Tipo G, tipo D, tipo Dd descrevem, no jargão próprio do teste, modos bem diversos de lidar com a realidade.

A simetria, comum em todas as manchas, é percebida pelo examinando, ora como algo seguro em que se apoiar no meio de tanta ambiguidade, ora como coação que torna estereotipada a percepção. Apresenta também uma notável sugestão, pois é apontada por vários autores como lembrando a simetria do corpo humano. O corpo, origem do espaço primitivo, aparece novamente como o seu sustento e modo de expressão.

Desta maneira, as respostas de conteúdo anatômico não revelam especificamente, como postula a tradição, preocupações ansiosas de expressão hipocondríaca ou *voyeurisme* disfarçado. Mostram como o indivíduo se situa em relação ao seu espaço primitivo, através da expressão em termos corporais. Luís Dias de Andrade, um dos raros autores que entre nós tentaram situar o universo dos perceptos rorschachianos dentro da formulação fenomenológica e existencial, considera que as respostas anatômicas são antes de mais nada a manifestação da situação do indivíduo em relação ao seu mundo próprio *(Eigenwelt)*[37]. A estrutura íntima do corpo não pretende a revelação de uma

---

36. MUCCHIELLI, R. *La Dynamique du Rorschach*. Paris: PUF, 1968.

37. ANDRADE, L.D. *"Posição fenomenológica em estudos de Rorschach"*. *Arquivos Brasileiros de Psicologia Aplicada, 22*. p. 141-150, jul./set. 1970.

anatomia fantasmagórica, distorcida pela ação de uma suposta "projeção" de conteúdos internos. Revela a forma do espaço próprio, pela objetivação da vivência do corpo por dentro, prometido à decadência.

De modo diferente dos testes de traço que expressam a movimentação do examinando dentro do seu espaço-tempo, o Rorschach apresenta-se como mais um meio de investigação da situação existencial. Desse ponto de vista, entende-se por que as respostas de movimento humano desempenham um papel privilegiado entre os determinantes. A apropriação do espaço é então apanhada em sua dinâmica.

É sabido que a sensação de movimento na ausência de deslocação objetiva constitui a origem do teste[38]. Hermann Rorschach adverte que as respostas cinestésicas nada têm de ver com a mobilidade real do sujeito. Repara que esse fato de observação, "constantemente verificável", ainda carece de fundamentação teórica. Dentro da perspectiva aqui proposta, o fato vem a esclarecer-se. Não se trata de movimentação real no espaço físico, mas de mobilidade, e poder-se-ia dizer de liberdade, dentro do espaço existencial.

Compreende-se agora por que as cinestesias de extensão, associadas a formas precisas, são unanimemente consideradas como reveladoras de imaginação criadora, e por que os movimentos de flexão corresponderiam à passividade, à inibição, até mesmo à "neurastenia"[39]. Assim poderia ser explicado o papel moderador desempenhado pelas respostas de movimento para "equilibrar" as respostas de cor. A sensibilidade aos estímulos externos seria temperada pela capacidade de movimentá-los livremente. A situação da prova de Rorschach assim proporcionaria a observação do processo de criação do espaço individual. O examinando normal, e bem dotado, atenderia às coações do estímulo externo, transfigurando-as pela atribuição de uma forma original, com dinamismo próprio. O indivíduo perturbado sucumbiria ante a ambiguidade do estímulo. Ora se entregaria à porosidade do espaço e do ser – e isto seria a explicação da resposta "Posição", típica da vi-

---

38. RORSCHACH, H. *Obras menores e inéditas*. Madri: Morata, 1967.

39. RORSCHACH. *Psychodiagnostic*. Paris: PUF, 1953, p. 18.

vência psicótica, reveladora da perda dos limites, com a soltura anárquica das vísceras. Ora se prenderia à estereotipia dos conteúdos, perseverando na autolimitação em porções determinadas do espaço, como se observa em tantos quadros orgânicos. Diluição dos limites, ou prisão de fronteiras arbitrariamente mantidas trazem de volta o enfoque mítico da organização do espaço.

O psicodiagnóstico de Rorschach aparece como uma espécie de "maqueta" em que poderiam ser experimentadas, e representadas pelo examinando ante o aplicador, as diversas facetas da adaptação à realidade. As modalidades do tipo de apreensão manifestariam então o grau de liberdade do indivíduo em relação à movimentação dentro do espaço existencial, com a sua capacidade de estabelecer limites e saber transpô-los para criar nova configuração e novo espaço.

Qual o herói que transgride o delimitado, o indivíduo se constrói na liberdade do seu espaço existencial:

> *"Todo espaço feliz é filho ou neto de separação.*
> *Com assombro ultrapassada"[40].*

---

40. "Jeder glückliche Raum ist Kind oder Enkel von Trennung/den sie staurend durchgehn". In: RILKE, R.M. *Les élégies de Duino Les sonnets à Orphée.* Paris: Seuil, 1972, p. 160 [ed. bilingue].

5. O Outro

"Homo Duplex"

Edgar Morin[1]

O mundo humano é essencialmente mundo da coexistência. O homem define-se como ser social e o crescimento individual depende, em todos os aspectos, do encontro com os demais. A psicologia clínica de obediência psicanalítica tem designado pelo nome de "relações objetais" todo o jogo de inter-relações que faz do outro, nas próprias palavras de Freud, "modelo, objeto, auxiliar, ou adversário"[2]. É comum considerar que determinadas perturbações expressariam uma falha antiga no manejo do relacionamento com os diversos "outros" que formam o ambiente familiar. A psicoterapia, seja qual for a teoria em que se apoia, consiste precisamente em reaprender a lidar com os demais, mediante a interação com o Outro, sintetizado na pessoa do terapeuta, ou desdobrado nos outros, no caso de terapia de grupo.

A fenomenologia existencial postula que o mundo da coexistência não se estrutura em termos de oposição – ou de complementaridade – entre um sujeito e os diversos objetos que o rodeiam: "Os 'outros' não designam a totalidade daqueles que não sou, dos quais me separo, pelo contrário, os outros são aqueles dos quais a gente *não* se distingue, e entre os quais se encontra também"[3]. Não se trata de justaposição, mas

---

1. MORIN, E. *Le vif du sujet*. Paris: Le Seuil, 1969, p. 145.
2. FREUD, S. *Psicoanálisis de las masas y análisis del yo*. Buenos Aires: Americana, [s.d.], p. 9.
3. HEIDEGGER, *L'être et le temps*. Paris: Gallimard, 1964, p. 150.

do encontro dentro do meio ambiente. Heidegger chama a atenção para o fato de que, mesmo sem a presença do outro, o ser no mundo é ser com os outros. Estar só é estar privado do outro, num modo deficiente da coexistência, que constitui uma das estruturas do ser no mundo. Essa característica fundamental da existência propicia, em retorno, a compreensão da existência alheia. No sentido heideggeriano, a compreensão não se limita ao conhecimento intelectual. Representa um modo de ser existencial que se estabelece como fundamento de qualquer conhecimento. O conhecimento do outro, pois, supõe a compreensão da existência como ser da coexistência. "A relação ontológica com o outro torna-se então uma projeção 'dentro do outro' da relação ontológica de si para si. O outro é um duplo de si"[4].

A compreensão de si fundamenta-se no reconhecimento da coexistência, e ao mesmo tempo constitui-se como ponto de partida para a compreensão do outro.

O que, então, assegura a compreensão de si? A situação do ser no mundo é marcada pela estranheza. Nesse sentido, a compreensão do outro não descansa apenas na compreensão de si, mas se justifica a partir da situação do homem como desconhecido de si para si mesmo. Ou seja: a coexistência é também coestranheza. O outro fornece um modelo para a construção da imagem de si. Por ser outro, contudo ele também revela que a imagem de si comporta uma parte igual de alteridade.

Como compreender os demais, sem neles incluir-se? Como identificar o estranho, se a estranheza não estiver presente no âmago do ser? "Eu sou para mim o contrário de mim"[5]. Todos os tropeços, os desencontros, os problemas de aceitação do outro como tal, passam então a refletir a dificuldade intrínseca de superar a ambiguidade fundamental do ser para si e para os outros. Integrar a duplicidade do ser idêntico e outro torna-se o problema central do indivíduo à procura da sua verdade. Muitas perturbações individuais que se situam principalmente no plano do relacionamento poderiam ser entendidas como difi-

---

4. Ibid., p. 157.

5. HEGEL. *La phénoménologie de l'esprit*. Vol. II. Paris: Aubier Montaigne, p. 39.

culdades de relacionar-se com a própria alteridade. Este talvez seja o sentido da homossexualidade: prender-se ao idêntico, para encontrar nele a segurança da identidade que, no entanto, por ser fundamentada na existência alheia, apenas reafirma a alteridade, mergulhando o indivíduo no centro da estranheza da qual quisera fugir, e encerrando-o num círculo fechado. Nesse caso, a homossexualidade permite apreender, no modo trágico, o emaranhado da dialética da alteridade e da identidade, comum a todos os homens. Este jogo intrincado está no âmago do Eros, do amor humano no qual o reconhecimento da mútua alteridade é fonte e garantia de integração do homem e da mulher, entre si e para si. A assunção da entranheza é o caminho da plenitude.

Nesta ordem de ideias, todo mito é mito da estranheza. A ambiguidade da compreensão do outro, que se origina na compreensão do desconhecido que cada um é para si, revela-se em todos os relatos míticos. Todo mito fundamenta-se na duplicidade do mundo, definido como real e irreal ao mesmo tempo.

A vivência da alteridade é particularmente patente na experiência mística. O encontro com Deus é descrito como a realização da fusão total entre identidade e alteridade. Um místico turco, Bajazet Bastrami, fornece deste processo o mais pungente testemunho: "Eu fui de Deus para Deus, até que de mim se gritou para dentro de mim: ó Tu Eu!"[6].

Vale dizer que a superação total da duplicidade não pode ser alcançada em moldes meramente humanos. Embora todo o processo de integração a si próprio consista em tentativas contínuas de equilibração num sistema de tensões, a conjunção dos contrários só pode ser formulada mediante o recurso à transcendência. Para Nicolau de Cusa, a *coincidentia oppositorum* era "a menos imperfeita definição de Deus"[7]. Amar ao próximo é equivalente a amar a Deus, pois, conforme o preceito evangélico, supõe o amar-se a si próprio, que talvez seja mais difícil, já que implica a aceitação das próprias contradições.

---

6. VAN DER LEEUW, G. *La religion dans son essence et ses manifestations.* Paris: Payot, 1970, p. 493.

7. ELIADE, M. *Images et symboles.* Paris: Gallimard, 1952, p. 98.

A abordagem mística consagra, mas não resolve, o problema da duplicidade. Até a imagem da transcendência assume a dualidade, quiçá a multiplicidade. O nome que a Bíblia propõe para o indizível sugere um Deus singular-plural: *Elohim*[8]. A imagem da totalidade que, a nível psicológico, se poderia considerar como modelo da personalidade integrada[9], mostra-se intrinsecamente múltipla. O homem é, em sua estrutura, *homo duplex.*

O estudo do modo da coexistência exige o exame da duplicidade individual, nos diversos aspectos que pode revestir o *outro dentro de si.*

Na experiência imediata, a descoberta que o indivíduo faz de sua alteridade apoia-se no encontro com o espelho. Muito já se escreveu acerca das etapas da percepção de si como congênere no animal, e da progressiva revelação do reconhecimento de si na criança. A "etapa do espelho" afirma-se como momento importante da identificação do próprio corpo. Pode-se perguntar, porém, se tal reconhecimento não é acompanhado sempre de ansiedade. Parece necessário algum tempo, e certo traquejo, para superar a malignidade do mundo do espelho, pois que nele tudo está invertido. Ao mesmo tempo que afirma a realidade concreta do indivíduo, como um objeto entre os demais que aparecem no espelho, o reflexo propõe a existência de um duplo imaterial, idêntico e contudo inverso.

O tema da dupla personalidade foi excelentemente ilustrado por Otto Rank[10] que atribuia origem do conceito de alma ao reconhecimento do reflexo. Nas duplas míticas de gêmeos, como por exemplo Castor e Pólux, um deles é mortal, e o outro, filho de Zeus. Dos *Ashwins* indianos, um surge na luz e o outro nas trevas. Na expressão de R. Zazzo, autor de um livro sobre *Os gêmeos, o casal e a pessoa,* a semelhança entre os gêmeos faz de cada um deles "a alucinação do outro"[11].

---

8. MORIN. Op. cit., p. 160.

9. JUNG, C.G. "Introduction a la psicologia religiosa". *Psicologia y alquimia.* Buenos Aires: Santiago Rueda, 1957, p.11-52.

10. RANK, O. *A dupla personalidade.* Rio de Janeiro: [s.e.], 1934.

11. ZAZZO, R. *Les jumeaux, le couple et la personne.* Paris: PUF, 1960, p. 470.

O caráter angustiante do duplo oferecido pelo reflexo atinge a sua culminância na tradição, tão comum ainda, de velar os espelhos da casa em que alguém faleceu, ou na superstição que promete sete anos de desgraça ao possuidor de um espelho quebrado.

O mito de Narciso é trágico. No afã de unir-se consigo mesmo, isto é, de assumir-se ao mesmo tempo como real e irreal, Narciso morre. Jorge Luís Borges, que declara os espelhos "abomináveis"[12], relata o caso de uma jovem que, nos espelhos da sua casa, encontra constantemente o reflexo dele, Borges, usurpando o seu. E confessa:

"El Islam asevera que el dia inapelable del Juicio, todo perpetrador de la imagen de una cosa viviente resucitará con sus obras, y le será ordenado que las anime, y fracasará, y será entregado con ella al fuego del castigo. Yo conocí de chico este horror de una duplicación o multiplicación espectral de la realidad, pero ante los grandes espejos [...] Uno de mis insistidos ruegos a Dios y al ángel de mi guarda era el de no soñar con espejos"[13].

Borges aponta para outra fonte do homem duplo: o sonho. Espelho e sonho trazem à vida seres que não existem, e assim fazem o sonhador e o refletido incorrerem em terrível pecado, pois só Deus pode criar seres. O espelho revela-se em sua função mágica. Não é simplesmente uma superfície polida com qualidades físicas precisas. É uma porta que abre sobre outro mundo, em que vivem criaturas estranhas, em tudo semelhantes a nós, mas que não existem. Ou melhor, o seu existir diferente assegura que o mundo dos objetos é também estranho, e que "Eu é um outro", como dizia Rimbaud[14].

Às lúdicas incursões de Alice no País do Espelho opõe-se toda uma tradição que apresenta o reflexo como algo demoníaco e apavorante. Pode ser que o reflexo fuja *para dentro* do espelho e lá seja roubado. O homem que perdeu o seu reflexo, tal como aquele que perdeu a sua sombra, é um ser condenado[15].

---

12. BORGES, J.L. *Ficciones.* Buenos Aires: Emece, 1956, p. 13.

13. BORGES, J.L. *L'Auteur et autres textes,* El Hacedor. Paris: Gallimard, 1965, p. 30.

14. RIMBAUD, A. "Je est un autre". *Oeuvres Completes.* Paris: Gallimard, 1951, p. 254.

15. JUIN, H. *Histoires étranges et récits insolites.* Paris: Club du Libraire, 1965, 237 p.

"Uma paciente de Winnicott faz-lhe essa pergunta angustiada: "Não seria horrível se a criança se olhasse no espelho e não visse coisa alguma?"[16] A perda de si psicótica, tal como já ilustrara Sá Carneiro, encontra no "sinal do espelho" a mensagem das velhas lendas.

No seu filme *La Belle et la Bête* (1946), o poeta Jean Cocteau advertia: "Os espelhos deveriam pensar muito antes de refletirem!" Atrás do jogo de palavras, afirmam-se os perigos da duplicidade. Na iconografia cristã surge no espelho uma figura que certifica o homem de sua transitoriedade: "os artistas da Idade Média gostavam de representar a morte como espectro ou duplo do vivo, como sósia do homem carnal, como imagem no espelho. Chastellain intitula um poema macabro d'O Espelho da Morte"[17].

Espelho, sonho, morte, três fontes de angústia, três mensagens de ambiguidade, asseveram ao homem que ele é duplo, idêntico e outro, real e irreal.

Enquanto o espelho cria a imagem, o sonho inaugura o reino do imaginário. Trabalhos recentes têm mostrado que provavelmente a maioria das espécies animais sonha. O "Estado de Sonho" *(D-State)* seria contemporâneo de certo nível de complexidade neurológica, acompanhando até mesmo o desenvolvimento do sistema nervoso central. Jouvet sugere que o feto já sonha[18]. Embora a função do estado de sonho ainda seja desconhecida, possui uma configuração biofisiológica específica, que o distingue do estado de sono, e que se processa seguindo ritmos temporais constantes. Diversos experimentos revelaram que o indivíduo privado dos seus estados de sonho passa a apresentar rapidamente um comportamento de cunho psicótico, dominado por alucinações e desorientação, que pode chegar até a elaboração de ideias delirantes. Tentativas de comparar termo a termo estados psicóticos e privação de sonho não têm por enquanto chegado a resul-

---

16. GREEN, A. "La Psychanalyse, son objet, son avenir". *Revue Française de Psychanalyse,* I-II, jan.-avr. 1975, t. XXXIV, p. 130.

17. JANKELEVITCH, V. *La mort.* Paris: Flammarion, 1966, p. 57.

18. Cf. HARTMANN, E. *Biologie du rêve.* Bruxelas: Ch. Dessart, 1970, 358 p.

tados significativos, devido talvez à dispersão dos experimentos. Seja como for, os estudos psicofisiológicos do estado de sonho, que iniciaram o seu desenvolvimento na última década, parecem destinados a um futuro promissor.

A psicologia clínica preocupou-se principalmente com o conteúdo dos sonhos, mas Hartmann[19] levanta um problema sério: o que se analisa não é jamais o conteúdo real do sonho, mas sim o seu relato, o qual depende das motivações do sujeito e das significações da situação global em que acontece o relato. Diversos problemas metodológicos terão de ser controlados para chegar-se a um estudo mais objetivo.

Para E. Morin, a atividade do sonho representa um "aspecto magno do funcionamento cerebral de *sapiens,* incluindo enorme desperdício, ao mesmo tempo que um princípio de criatividade"[20]. Ao forjar a expressão o "homem imaginário", Morin quase incorre em pleonasmo. No seu livro *O Paradigma perdido – a natureza humana*[21], chega à conclusão de que o homem é essencialmente o ser imaginário. A função do sonho garante-lhe essa dimensão.

O espelho é a porta para a visão do outro mundo. O sonho permite a atuação do indivíduo dentro daquele mundo, movimentando-se, armando cenários e participando em todos os níveis do fantástico. O sonho "é o teatro onde o sonhador é ao mesmo tempo o ator, o palco, o ponto, o regente, o autor, o público e o crítico"[22].

O caráter de revelação do sonho, abertura para outro registro de significações, foi considerado patente por todas as culturas, e fastidioso seria lembrar as diversas facetas do onirismo, da antiguidade até os nossos dias. Dentro da perspectiva fenomenológica, o significado do sonho está na própria elaboração do relato, entendido como obra do sonhador, retratando a sua realidade. Nesse sentido, Jung situa-se bem

---

19. Ibid.

20. MORIN, E. *Le paradigme perdu, la nature humaine.* Paris: Le Seuil, 1973, p. 139.

21. MORIN, E. *Le cinéma ou l'homme imaginaire.* Paris: Gonthier, 1965, 186 p.

22. JUNG. Apud DA SILVEIRA, N. *Jung, vida e obra.* Rio de Janeiro: José Álvaro, 1968, p. 104.

próximo a tal colocação. "O sonho é aquilo que é, inteiramente e unicamente aquilo que é; não é uma fachada, não é algo pré-arranjado, um disfarce qualquer, mas uma construção completamente realizada"[23].

O problema do significado do sonho obriga ao exame da hipótese do inconsciente. Toda a hipótese freudiana oscila entre dois enfoques: o inconsciente como sistema, e o inconsciente como adjetivo. Na *Interpretação de sonhos,* "desejo inconsciente" e "desejo oriundo do inconsciente" são utilizados alternativamente[24]. No remanejamento teórico que opera a partir de 1920, Freud tende a utilizar o termo mais como adjetivo do que como substantivo. No entanto, pode-se dizer que até hoje "o inconsciente" permanece como uma entidade que domina, explícita ou implicitamente, grande parte da formulação da psicologia clínica. Tal como muitos outros conceitos, é universalmente utilizado e aludido, sem que os usuários se detenham para investigar-lhe a adequação.

Jung, que se apoderou do conceito, dando-lhe novo significado e, sobretudo, nova amplitude, já que postula a existência de um inconsciente comum a todos os homens, e que pode ser alcançado mediante a análise das imagens arquetípicas, chega, porém, "à paradoxal conclusão de que não existe *conteúdo de consciência que de outro ponto de vista não seja inconsciente.* Talvez não haja tampouco elemento psíquico inconsciente que ao mesmo tempo não seja consciente"[25]. Ora, se todo elemento psíquico é ao mesmo tempo consciente e inconsciente, parece então supérflua a distinção. Não será melhor dizer que acontece um fenômeno, do qual uma parte é imediatamente desvendável para o indivíduo, enquanto outra parte lhe parece obscura? Além disso, o grau de compreensão pode variar de acordo com a abertura do próprio observador. Para a fenomenologia, a compreensão situa-se no intérprete e não no fenômeno. O sonho não é absurdo nem confuso.

---

23. Ibid., p. 103.

24. FREUD, S. *A interpretação de sonhos.* Vol. V. Rio de Janeiro: Imago, 1972, p. 587-620.

25. JUNG, C.G. *Arquétipos e inconsciente colectivo.* Buenos Aires: Paidós, 1970, p 133 [grifo do autor].

Confuso é o entendimento do intérprete. A ambiguidade não se deve apenas a uma possível limitação intelectual, ou a uma dificuldade intrínseca de abranger a totalidade do real. Prende-se também a causas existenciais. Em última análise, o desafio da compreensão fundamenta-se na dialética do duplo, origem da explicitação do mundo, e logo, da linguagem.

O sonho, nessa perspectiva, é mais uma manifestação dessa duplicidade, que chama a atenção para a dimensão imaginária do existir humano. No estado de sonho, a consciência, privada – ou liberada? – da sua inserção no mundo circundante, entrega-se ao puro funcionamento ideal[26]. Assim desponta, no material do sonho, um aspecto desconhecido da realidade do sujeito.

Tanto pode ser considerado como meio privilegiado de acesso a tal realidade (Jung), ou como revelação da estranheza que atua no âmago do sujeito: "A vigília coloca a diferença entre o próprio eu e aquele outro dentro de mim, o sono a suspende, o sonho a sugere como vago nada"[27]. O sonho denuncia a continuidade e a espessura da vida de vigília. As figuras que nele aparecem, os acontecimentos que se processam, podem ser então considerados como personificações do sonhador, que se revela a si próprio como ser duplo.

As imagens que povoam a mitologia jungiana podem, deste modo, ser consideradas como representações dos diversos aspectos que toma, para o indivíduo, o outro dentro de si. Jung aponta, por exemplo, a figura da *anima,* como expressão necessária do outro, para o indivíduo masculino: "aquilo que não é eu, quer dizer, aquilo que não é masculino, é bem provavelmente feminino, e como o não eu é experimentado como não correspondente ao eu, e portanto como exterior, a imagem da *anima* é por conseguinte projetada em regra geral sobre mulheres"[28]. Reciprocamente, o não eu feminino expressa-se através do *animus*. O processo de individuação é representado então sob forma

---

26. SARTRE, J.-P. *L'imaginaire.* Paris: Gallimard, 1940, p. 225.

27. KIERKEGAARD, S. *Le concept de l'angoisse.* Paris: Gallimard, 1953, p. 62.

28. JUNG, C.G. Op. cit., p. 33.

da união dos contrários, bodas de Animus e Anima na simbologia que Jung toma emprestada da alquimia, ou integração do *yin* e do *yang* conforme a doutrina taoísta[29]. É importante ressaltar que tal sizígio não corresponde a um estado perene, que dará a felicidade a quem o alcançar. A união dos contrários, a integração do eu com o outro dentro de si, jamais se dá por completo. É constantemente ameaçada, destruída, e deve ser incessantemente reconstituída. As etapas do processo de individuação, descritas por Jung sob a forma do encontro com figuras arquetípicas, revelam-se através dos sonhos. Antes de realizar a unicidade, é preciso reconhecer o outro como complementar e não como adversário. A imagem da *sombra* resume tudo aquilo que não é aceito pelo eu como fazendo parte da personalidade, seja por dificuldades pessoais, seja por imposição de normas sociais: "a soma de todas as disposições pessoais e coletivas, que não são vividas por causa da sua incompatibilidade com a forma de vida escolhida conscientemente, e se constituem numa personalidade parcial, relativamente autônoma no inconsciente, com tendências antagônicas"[30]. Por isso, a sombra é frequentemente apontada como "a fonte de todo mal", o lado negativo da pessoa. Jung adverte porém que o papel da sombra é compensatório, e que aceitá-la como parte integrante, e necessária da personalidade, constitui o primeiro passo no sentido da saúde.

Pode-se dizer que, para Jung, cada vez que for negado o fato de que o indivíduo é ao mesmo tempo uno e múltiplo, abre-se o caminho da neurose. Nesse sentido, a função do sonho é precisamente apontar para essa realidade. Ao sonhador, lembra sua complexidade. Revela-lhe toda a riqueza da sua vida imaginária. A função do sonho não é compensar as limitações da vigília, mas sim complementá-la, fornecendo imagens do irreal, que é parte integrante da realidade humana. Bachelard julgava que, se tivéssemos a humildade de aceitar os sonhos como dimensão da nossa realidade, "perceberíamos que, no reino do imaginário e da fantasia, o dia foi-nos dado para verificar as ex-

---

29. JUNG, C.G. WILHELM, R. *El secrete de la flor de oro*. Buenos Aires: Paidós, 1972, 136 p.

30. JUNG, C.G. *Recuerdos, suenos, pensamientos*. Barcelona: Seix Barral, 1966, p. 419.

periências das nossas noites"[31]. A atitude racionalista levaria apenas a disfarçar a realidade.

Mas o jogo da simulação e da dissimulação também se integra ao existir humano. Jung chega a considerar a máscara – alcunhada pelo seu nome latino de *Persona* – como aspecto intrínseco da personalidade. A máscara aponta para mais uma faceta da duplicidade.

Na vida social, a função da máscara é, numa primeira aproximação, assegurar a identificação do indivíduo pelos demais. As exigências dos papéis sociais são muitas vezes sentidas como a necessidade de o indivíduo afivelar no rosto determinada máscara, para assim conformar-se aos costumes. Em certo sentido, a civilização contemporânea poderia ser definida como a cultura da máscara. Nunca talvez, na história, houve proposta tão insistente e tão geral para impor cânones de beleza corporal. Os meios de comunicação de massa, a repetição dos *outdoors* impõem uma imagem, algo estereotipada e transcendente às diferenças étnicas, que é considerada o padrão indiscutível da beleza. A distância entre a autoimagem e esse padrão afirma a necessidade, para os indivíduos, de comprarem os produtos que os tornem semelhantes ao modelo. A aquisição não resolve o conflito induzido pela publicidade. Será então preciso adquirir novos produtos, alcançar através deles novo *status,* ver denunciada por outra proposta a inadequação da nova máscara, encontrar-se novamente em conflito, e assim por diante. Nesse caso, a máscara é o outro substituído ao sujeito. Reforçando os eventuais desajustes individuais em que o sujeito tende a esquecer da sua realidade atrás da máscara, assiste-se à promoção de uma neurose social, que tem por única justificativa permitir o escoamento de produtos desnecessariamente fabricados. A máscara passa então a substituir o sujeito por um ser irreal.

O estudo das máscaras utilizadas pelas sociedades ditas "primitivas" revela uma dimensão oposta, a de encarnar o irreal para integrá-lo na vida diária do grupo. A máscara irrealiza o seu portador. O mascarado representa as entidades sagradas, forças da natureza ou es-

---

31. BACHELARD, G. *L'eau et les rêves.* Paris: José Corti, 1947, p. 248.

píritos dos mortos. A sua dança traz os deuses para a terra, propiciando-lhes a participação à vida do grupo. Neste caso, a máscara não dissimula, revela. Proclama que este mundo concreto é movido por leis sagradas, e que há necessidade de movimentá-las. Mostra que os deuses também precisam dos homens, para atuarem. Ou seja, que o imaginário é a mola do universo humano.

"*A interpretação das máscaras não se encontra portanto muito afastada da interpretação dos sonhos*", escreve Bachelard [32], comentando a observação de um antropólogo que, ao desenvolver um estudo sobre máscaras, conclui: "as máscaras são sonhos fixados[33].

Para o homem contemporâneo, a máscara degradou-se em tom de brincadeira. Mesmo assim, permanece ligada a festas remanescentes dos antigos rituais de renovação periódica do mundo, como a criação do "mundo às avessas" das *Saturnalia* e do Carnaval. No Cantão de Herisau, na Suíça, ainda podem ser vistas máscaras fantásticas, fabricadas com folhas e cascas de árvore, que parecem representar a mais perfeita ilustração de sonho fixado[34]. As fantasias do nosso carnaval não dissimulam, ostentam. Ponha a máscara, e direi quem és... O existir mascarado afirma a duplicidade, assumindo-a.

Originando-se na vontade de participação dos entes suprarreais na vida do grupo, a dialética real-irreal revelada na máscara desemboca em nova dimensão. O desejo de possuir outro rosto expressa novo registro de ambiguidade. É que entre os seres sobrenaturais que os mascarados evocam estão os espíritos dos mortos. As alegres abóboras de Halloween são o eco das caveiras do Dia de los Muertos mexicano, e as guloseimas então distribuídas às crianças ilustram a tradição das ofertas de comida nos túmulos antigos[35]. Tal como a máscara fabricada recobre o rosto, o rosto recobre uma caveira. "Dirigindo-se aos pó-

---

32. BACHELARD, G. "Preface". In: KUHN, R. *La phénomenologie du masque à travers le test de Rorschach.* Desclée de Brcuwers. [s.l.]: [s.e.], [s.d.], p. 9.

33. BURAUD, G. *Les masques.* Paris: Le Seuil, 1948, p. 196.

34. CREUX. R. "Appenzell". *L'Oeil,* 244, nov. 1975, 46-49 [Fotografias de Marcel Imsand].

35. Cf. BRADBURY, R. *The Halloween tree.* Nova York: Bantam Books, 1974, 181 p.

los desta ambiguidade, encontrar-se-á a dialética da morte e da vida... A morte é a máscara absoluta"[36].

Poder-se-ia dizer também que a morte é o outro absoluto. É o outro irremediável, presente dentro do ser. A única certeza do vivo, a delimitação do seu horizonte temporal.

Talvez o reflexo seja tão angustiante e o sonho tão estranho, porque ambos prefiguram o duplo mortal. A morte é o outro, pois o que se vivência é sempre a morte alheia. Mas "a morte de uma pessoa próxima revela-nos que a morte não é apenas para os outros, ou que eu também sou um desses outros"[37]. A morte transforma o sujeito em um dos outros. O outro para si surge agora em toda a sua apavorante dimensão.

A própria morte é o total desconhecido. O que se conhece é a podridão, mais inaceitável talvez. O corpo morto da pessoa próxima pode estar presente, mas ao mesmo tempo aquilo que aí jaz nada tem a ver com a pessoa viva que se conhecia.

A hora da própria morte é também ignorada. A possibilidade de vê-la acontecer em cada momento vindouro projeta sobre o futuro uma sombra terrível. O ser do projeto é o ser para a morte. A ideia da própria morte é tão inaceitável, que a sua expressão encontra até intransponibilidade de ordem gramatical, pois o sujeito não pode utilizar o presente na primeira pessoa do singular. Nisso, aliás, sonho e morte opõem-se e completam-se como categorias do imaginário. Só posso dizer: "eu sonhei" e "eu morrerei", não o contrário, e ainda menos "eu sonho", "eu morro", pois a consciência de cada situação acarreta a denúncia da sua irrealidade. Para dizer "eu sonho", é preciso que esteja acordada, a menos que eu sonhe estar sonhando, vivência essa tão ambígua, que colora de angústia o despertar e leva a duvidar da própria realidade do eu[38]. E quem diz "eu morro", ainda está vivo. A impossi-

---

36. BACHELARD. Preface. Op. cit., p. 14.

37. JANKELEVITCH, V. La mort. Paris: Flamarion, 1966, p. 14.

38. O sonho de estar sonhando tornou-se o protótipo da suspeita da irrealidade do real. O sonho de Pao Yu, por exemplo, resumido por CAILLOIS, R. L'incertitude des rêves. Paris: Gallimard, 1956, p. 115 s., faz do sonho e da realidade uma sucessão de espelhos.

bilidade de situar morte e sonho em termos imanentes à vivência do sujeito rejeita ambas as situações no domínio do irreal. O sonho é forçosamente relato, e a ideia da própria morte, prospecção.

A morte, outro absoluto para o sujeito, é sempre a morte dos outros, "y los sueños, sueños son". É grande então a tentação de relegar sonhos e morte ao terreno da fantasia, da abstração ou, com muito favor, do mito. A psicologia clínica contemporânea, que colocou de parte a preocupação com a morte, instaurou o culto dos sonhos, através da consagração da psicanálise. Observa-se, no entanto, que se grande parte da atuação psicoterápica se dedica à interpretação dos conteúdos dos sonhos, pouca atenção é tributada à própria situação do sonho, como fonte de reconhecimento da ambiguidade existencial.

E. Morin une a morte, o sonho e o reflexo, como fonte tríplice do ser imaginário, isto é, de *homo sapiens:* "a irrupção da morte, para *sapiens,* é ao mesmo tempo irrupção de uma verdade e de uma ilusão, irrupção de uma elucidação e de um mito, irrupção de um conhecimento objetivo e de uma nova subjetividade, e sobretudo da sua ambígua ligação. É um novo desenvolvimento da individualidade e a abertura de uma frincha antropológica"[39].

A imagem assoma então como produto deste ser que se assume em sua duplicidade. O mundo dos objetos passa a duplicar-se por um mundo de símbolos. A linguagem, que aparece concomitantemente à emergência da consciência da morte, tenta reconstruir um mundo aceitável, criado a partir dessa angústia primordial, e, em certo sentido, contra ela.

Nessa ordem de ideias, não seria possível considerar as neuroses como tentativas razoavelmente fracassadas de recusar este inelutável, essa promessa implacável do surgimento do outro irremediável, que cada indivíduo carrega dentro de si? Ou seja, não haveria lugar para uma teoria das neuroses consideradas como divertimento?

O termo é tomado emprestado de Pascal, que neste vocábulo abarca todas as ocupações peculiares que têm por função afastar os ho-

---

39. MORIN, E. *Le paradigme perdu.* Op. Cit., la nature humaine. Paris: Le Seuil, 1973, p. 112.

mens da sua realidade existencial: "Bastaria livrá-los de todas essas preocupações; então os homens olhar-se-iam, pensariam no que são, de onde vêm, para onde vão, e por isso não há ocupação e divertimento que cheguem"[40].

A transformação do corpo vivo em mensagem simbólica, pela histeria, não consagraria a tentativa de tornar o organismo uma abstração? Reduzir o somático a um código não implicaria a sua negação como suporte de um inelutável processo biológico? A repetição dos rituais na neurose obsessiva não teria por função negar o corte próximo, da mesma maneira que os ritos de regeneração periódica do mundo asseguram a sobrevivência da tribo?

Na fobia, pelo contrário, o indivíduo encontrar-se-ia assoberbado pela iminência da catástrofe e ficaria esperando-a para qualquer momento, recusando-se ao projeto para entregar-se, de antemão, à vivência do ser para a morte.

Em todos os casos, haveria a impossibilidade de assumir a ambiguidade existencial, aceitar que o ser no mundo seja vivo e mortal, concreto e imaginário, ou seja, na formulação aqui proposta, eu e outro.

Toda integração desses contrários deve necessariamente passar pela aceitação da própria morte, não como reconhecimento passivo de um acontecimento imposto, mas como recriação pessoalmente assumida. "O espírito conquista a sua verdade apenas quando se reencontra na dilaceração absoluta. O espírito [...] é poder apenas quando enfrenta o negativo e nele se demora. Essa morada é o poder mágico, que transforma o negativo em ser"[41].

A capacidade de assumir a própria morte, dando-lhe significação, poderia portanto ser considerada como parâmetro de avaliação da capacidade de integração, isto é, em última análise, de adaptação à realidade. Nesse sentido, a assunção da própria morte seria critério de saú-

---

40. PASCAL. *Oeuvres Complètes*. Paris: Seuil, 1963, Pensées 139-143, p. 518.

41. HEGEL. *Préface de la Phénomenologie de l'esprit*. Paris: Aubier Montaigne, 1966, p. 79.

de psíquica. Com efeito, o maior perigo para o eu à procura da sua individuação não será o de perder-se, tornar-se outro?

Este é o sentido original da palavra *alienado:* que não pertence mais ao dono, que se tornou outro. O exame dos diversos aspectos da alteridade leva a encarar o fenômeno da loucura. "Loucura" e não "doença mental": trata-se aqui de um drama do existir humano, e não simplesmente de variedades tecnicamente descritas em manuais de psicopatologia.

Minkowski observa que até mesmo o psiquiatra calejado, acostumado a lidar com tudo quanto é categoria nosológica, não pode defender-se de um estremecimento, quando, no decorrer de uma conversa banal com um conhecido, este, de repente, revela-se como um alienado. Assoma a imagem do insano: "Apesar de praticarmos por longo tempo a psiquiatria, pode acontecer que fiquemos parados frente às manifestações da alienação mental. Um fator de desconhecido, de mistério, envolve-as. Não se trata do fato de que as causas sejam por nós ignoradas. Mas é a partir da sua própria natureza que se delineiam tais características. Estremecemos fundamente. Estamos em face da loucura"[42].

Minkowski insiste sobre o caráter catastrófico, irreparável da loucura. Em certos aspectos, "aparenta-se ao fenômeno da morte", mas dela difere por ser um acontecimento não necessário[43].

Poder-se-ia dizer que toda a sintomatologia, os comportamentos estranhos, os delírios, constituem tentativas de expressar, de devolver às dimensões humanas, atribuir uma espécie de significado, justificar, enfim, o cataclismo que tomou conta do indivíduo. Para a fenomenologia, não há entre o normal e o louco uma diferença de grau, mas sim diferença de natureza. A loucura manifesta uma *ruptura* dentro da existência. As diversas variedades de psicoses podem então ser entendidas como modalidades de adaptação a essa nova realidade. O drama passa a ser representado de diversas maneiras. O apartamento catatô-

---

42. MINKOWSKI, E. *Traité de Psychopathologie.* Paris: PUF, 1966, p. 30.

43. Ibid., p. 37.

nico consagra a irrupção do apocalipse. Os delírios sistematizados tentam dar uma justificativa lógica da insanidade. As forças ainda sãs do indivíduo mobilizam-se contra a ruptura. O hiato entre a vivência do cataclismo e os pobres recursos que a inteligência, o talento, a sensibilidade e a cultura propiciam, é tão fundo que a representação do drama vai ser marcada pela estranheza e pela alteridade. Para a psicopatologia de orientação fenomenológica, não se trata do indivíduo "doente" mas do "ser diferente". O seu objeto é o estudo de um outro modo de existência. Minkowski chega a propor a substituição do termo "psicopatologia" pelo de psicologia do **pathos**, isto é, do sofrimento despertado pelo drama.

As formas dramáticas, porém, não são tão variadas. Foram codificadas sob forma de síndromes. Não é uma das qualidades menos paradoxais da loucura o fato de que a irrupção da estranheza acaba resumindo-se num elenco de manifestações, reconhecíveis e classificadas, que tornam esses estranhos tão semelhantes entre si. A pouca variação entre os indivíduos, a estereotipia dos comportamentos oferecem marcos relativamente seguros para o estabelecimento do diagnóstico.

Nesse ponto, o diagnóstico do psicólogo deveria tomar um rumo oposto, e complementar, do diagnóstico psiquiátrico. Assegurado o rótulo, caberia ensaiar um levantamento dos mecanismos adaptativos. Desde que a sintomatologia passe a ser conceituada em termos de expressão das tentativas para recuperar o significado do mundo, a avaliação da estrutura e do dinamismo deste novo mundo oferece um campo privilegiado para o psicólogo.

No cotidiano do consultório, este profissional tem mais oportunidades de atender pessoas que estejam se encaminhando para a psicose do que psicóticos já declarados. No início de um processo, será particularmente valioso o reconhecimento dos mecanismos adaptativos então em jogo. Permitirá identificar as áreas que poderão sofrer um apoio psicoterápico, incrementando as forças sãs do indivíduo. Pode acontecer, por exemplo, e frequentemente acontece, que um cliente, cujo comportamento na entrevista leva o psicólogo a formular a hipótese da presença de uma síndrome dissociativa, produza um protocolo de Rorschach benigno e aparentemente desprovido de sinais patológicos. Nesse caso, o psicólogo é levado a duvidar da adequação da hipótese diagnóstica, senão da validade do teste de Rorschach. Admitindo-se, no entanto, que o Rorschach seja uma técnica válida, e o psicólogo, um diagnosticador competente, a interpretação da discrepância só pode ser a seguinte: por algum motivo até agora não esclarecido, o cliente pôs em jogo todos os recursos ainda sadios. Se ele se mostrou capaz de adaptar-se desta maneira a uma tarefa nova, muita coisa pode ser salva. Daí a importância de analisar-se o dinamismo dos perceptos. A contradição entre as informações permite então elaborar um diagnóstico mais fiel à realidade, e mais útil para o cliente do que o mero rótulo formal.

A tendência para encerrar o doente mental dentro de um rótulo psiquiátrico tem sido alvo recentemente dos mais ferrenhos ataques. A corrente que se convencionou chamar de antipsiquiatria mostrou que o reconhecimento do "doente mental" como tal tende a despojá-lo da sua individualidade, tornando-o alienado do convívio social. Em que pese a contribuição deste movimento para denunciar a institucionalização da loucura, a defesa do direito sagrado de cada indivíduo "ser diferentemente" tem levado a equívocos perigosos. Segregar o louco porque incomoda, ou tratar como louco aquele que incomoda, sem dúvida é crime. Mas confundir doente com contestador é sandice.

Alienado de si mesmo, o psicótico precisa de ajuda para reintegrar-se à realidade. Mas a experiência da loucura é uma situação-limite da existência humana, que traz para o indivíduo uma vivência irreparável. Mesmo que chegue a curar-se, ele permanece como aquele que já se tornou outro. No caminho da *Spaltung,* Sá Carneiro bem expressava a dificuldade de superar a vivência de alteridade:

> *"Eu não sou eu nem sou o outro,*
> *Sou qualquer coisa de intermédio;*
> *Pilar da ponte de tédio*
> *Que vai de mim para o Outro"*[44].

---

44. SÁ CARNEIRO, M. *Todos os poemas.* Rio de Janeiro: José Aguilar, 1974, p. 75.

O domínio total pelo outro é a chamada loucura. Mas há também outro tipo de alienação: é aquele que recusa a própria alteridade. Para perceber o outro em sua multiplicidade, é preciso aceitar-se como outro. A angústia decorrente da revelação da ambiguidade existencial, fundamentada que está na especificidade real-irreal humana, e apoiada na difícil aceitação da liberdade para a morte, faz do auto(hetero)-reconhecimento um processo dilacerante. A cultura contemporânea impinge máscaras e transforma "os outros" em massa, quando os meios de comunicação se revelam meios de alienação.

Não há lugar neste livro para descrever a promoção social dessa alienação. No caso específico do psicólogo em situação de diagnóstico, pode ser feita contudo a pergunta: é treinado o psicólogo para reconhecer a alteridade do outro e de si? Para valorizá-la e preservá-la?

Murray, o autor do T.A.T., escreveu essa notável advertência: "Uma personalidade é um congresso de oradores e grupos controladores, de crianças, de demagogos, comunistas, isolacionistas, traficantes de influências, Césares e Cristos, Maquiavéis e Judas, Tories e Prometeus revolucionários. Um psicólogo que não reconhece tudo isso em si mesmo, cuja mente está bloqueada ante o fluxo de imagens e sentimentos, deveria ser aconselhado a submeter-se a uma análise, juntamente com os membros de sua família"[45].

A falha no reconhecimento da própria multiplicidade é apontada por Murray como desajuste grave, passível de tratamento. Mas será que as ideologias esparsas que alimentam explícita ou implicitamente a formação do psicólogo clínico lhe facilitam a aceitação da estranheza? Como distinguir a estranheza-alteridade da estranheza-alienação, sem apoiar-se em seguro autoconhecimento? As contradições reveladas no discurso do cliente na entrevista costumam ser vistas como "fuga" ou como "defesa". As respostas dadas aos testes são avaliadas de acordo com a sua coerência interna e a conformidade com padrões estabelecidos. Embora a maioria das técnicas de investigação da per-

---

45. Apud HALL & LINDZEY. *Teorias da personalidade*. São Paulo: Herder, 1966, p. 187.

sonalidade se coloque no plano da ambiguidade e solicite claramente em suas instruções um comportamento de fazer de conta, a fantasia nas respostas nem sempre é muito bem aceita. A classificação de uma resposta original em "boa" ou "má" depende em grande parte do próprio grau de originalidade do avaliador. As técnicas de faz de conta ("O que isso poderia ser"; "Imagine uma história") situam-se porém no eixo entre o real e o irreal. O Rorschach, por exemplo, pela ambiguidade que requer, "reclama uma intervenção da *função do real*"[46] para atender ao mesmo tempo aos estímulos externos e internos. Schactel, que segue uma linha de inspiração fenomenológica, considera o Rorschach como meio específico de testar a reação perante a estranheza, a capacidade de construir um mundo coerente ao sofrer "o impacto do desconhecido"[47].

O reconhecimento e a apropriação do outro, tal como transparecem na situação do teste de Rorschach, constituem objeto do livro de R. Kuhn, dedicado à *Fenomenologia da máscara*[48]. Todas as respostas de figura humana fantasiada ou fantástica (H) somam-se aos conteúdos concretos de máscara e, seguindo a orientação de Bachelard, que lhe prefaciou a obra, o autor inclui também nessa categoria as respostas de caveira e de esqueleto. A análise de tais perceptos permite inferências acerca da maneira como o examinando escolhe viver a sua ambiguidade. Kuhn liga os conteúdos de máscara à expressão de perturbações da consciência de si. Seguindo as suas pegadas, tivemos a oportunidade de aventurar a hipótese conforme a qual os conteúdos que classicamente são considerados como típicos de temas de despersonalização indicariam o modo pelo qual o indivíduo resolve a duplicidade do ser no mundo[49]. Os conteúdos geralmente classificados

---

46. RORSCHACH, H. *Psychodiagnostic.* Paris: PUF, 1953, p. 133.

47. SCHACTEL, E.G. *Experiential Foundations of Rorschach's Test.* Londres: Tavistock Pub, 1967, p. 21.

48. KUHN, R. *La phénomenologie du Masque.* [s.l.]: [s.e.], [s.d.].

49. AUGRAS, M. "Temas de despersonalização nos conteúdos do teste de Rorschach". *Arquivos Brasileiros de Psicologia Aplicada.* Rio de Janeiro, 22(4): 61-82, out.-dez., 1970.

como "ruins" (deformações ou desvitalização da figura humana), quando ocorrem em um protocolo "normal" em todos os demais aspectos, expressariam portanto a angústia existencial. Nessa ordem de ideias, nunca poderiam ser considerados como expressão de algo patológico, mas sim do sentimento trágico da vida e do mundo. Assim sendo, a presença de conteúdos (H), geralmente avaliada como reveladora de problemas de autoaceitação, mostraria, pelo contrário, o jogo dos mecanismos de reconstrução de um mundo que se apresenta ambíguo pela própria natureza da tarefa proposta. Em última análise, revelaria a capacidade de adaptação à realidade, através da elaboração do homem imaginário.

Ao que parece, tais conteúdos surgem com maior frequência na faixa da adolescência, idade em que se vivencia mais intensamente o mundo da fantasia, da arte e das especulações metafísicas. Além da interpretação corriqueira de dificuldade de relacionamento ou de identificação, haveria lugar para a valorização desses conteúdos, que passariam então a ser reconhecidos como reveladores do progresso no caminho da integração do outro dentro de si, em vez de serem menosprezados como "fuga compensatória" ou "narcisismo ansioso".

Mais uma vez, o enfoque existencial, sem chegar a ser uma panaceia, pode constituir um remédio eficaz contra o psicologismo, ajudando a valorizar a originalidade do indivíduo.

No Rorschach, a temática da alteridade aparece de maneira apenas setorial, subordinada que está ao aspecto mais amplo da construção de um mundo oferecido na ambiguidade. Mas as técnicas que pedem do sujeito uma elaboração dramática parecem responder especificamente a essa preocupação. É o caso do T.A.T., e de todos os seus derivados, C.A.T., M.A.P.S., Relações Objetais, etc., sem esquecer de mencionar o teste brasileiro Omega, de João Villas Boas, cuja metodologia de análise e interpretação, ainda incompleta em virtude do falecimento prematuro do seu autor, é merecedora de ulteriores desenvolvimentos. Uma das técnicas de relato confessa abertamente estar apoiada em pressupostos fenomenológicos: é o Four Pictures Test, de Van Lennep. A escassa bibliografia acessível ao nosso meio (o teste é holandês) traz no entanto poucos esclarecimentos, além da intenção proclamada pelo autor[50]. O T.A.T., que nas suas origens fora um instrumento elaborado especificamente dentro de um programa experimental montado a partir da teoria personológica de Murray, oferece-se como conjunto de situações dramáticas que deverão ser desenvolvidas pelo examinando. A análise do protocolo organiza-se seguindo a hipótese de que determinada personagem, ou seja, o herói de cada estória, representaria o examinando, e as demais personagens corresponderiam ao mundo em volta dele. As interações entre o ambiente e o herói, o núcleo do drama, a sua progressão e o desfecho asseguram então o ponto de partida para a compreensão das vivências do indivíduo.

O M.A.P.S., que lhe é bem posterior, torna óbvia a tarefa de construção dramática. A caixa que contém o material do teste reproduz, depois de armada, o palco de um teatro; o examinando escolhe o cenário entre diversas pranchas; seleciona, entre 67 figuras de todo tipo, as personagens que animará. Nenhum outro teste se situa tão perto daquilo que foi descrito como a elaboração do homem imaginário. Entre as figuras, há adultos e crianças de ambos os sexos, animais, silhuetas imprecisas e, particularmente, cinco personagens fantásticas ou lendárias (rei, pirata, Papai Noel, fantasma, Super-homem e bruxa). Pode-se criticar a determinação passivelmente arbitrária dessas personagens, e sobretudo lastimar a ausência de qualquer imagem feminina valorizada positivamente, pois fadas e princesas aparecem nos contos da carochinha, tanto quanto bruxas e reis. Até mesmo com essas limitações, a proposta das figuras fantásticas constitui um dos aspectos mais interessantes do M.A.P.S. A experiência mostra que adolescentes e crianças costumam utilizá-las frequentemente, mas os adultos, levados pela facilitação lúdica propiciada pela manipulação livre das figuras, não as desprezam. Observar a frequência de utilização dessas figuras nos diversos grupos etários e verificar em que medida a sua inserção ajuda na solução do drama são assuntos merecedores de investigação sistemática, que, a nosso conhecimento, ainda não foi tentada. Quase toda a literatura encontrada em torno do M.A.P.S. diz respeito à descrição de casos clínicos. Os estudos normativos são escassos e me-

---

50. VAN LENNEP, D.J. & HOUWINK, R.H. *"La validation du test des 4 images' ".
Revue de Psychologie Appliquée,* n. 4, oct. 1955, p. 265-282.

todologicamente carentes. A esse respeito, é bom lembrar que o enfoque fenomenológico permite levantar hipóteses acerca do significado existencial de determinadas situações e que não é proibido buscar nos experimentos a confirmação da adequação destas hipóteses. A fenomenologia da percepção ganhou *status* científico por não ter desprezado o laboratório nem os estudos normativos. No que diz respeito à investigação da personalidade, em termos fenomenológicos, quase tudo está por fazer. Por isso, a revista dos testes da área relacional, valorizados como meios de avaliação da dialética entre identidade e alteridade, só pode limitar-se a sugerir investigações. Acontece que todas as instruções dessas técnicas colocam o examinando na situação de autor de uma estória. Ou seja, exigem dele, a partir de estímulos mais ou menos ambíguos, o exercício da imaginação, a elaboração de uma fantasia que não é puro devaneio, já que deve resolver-se em rigor dramático. O herói e as personagens vão surgir como tantos duplos do autor. Desta maneira, a fenomenologia da multiplicidade e da duplicidade individual só pode enriquecer a técnica clássica, facilitando particularmente o trabalho de síntese. Compreende a personalidade como síntese de contradições, permite levar em conta todas as facetas reveladas no conteúdo dos "dramas" elaborados pelo cliente.

Não se trata apenas de reconhecer a multiplicidade do indivíduo em determinado momento, mas entender também que tal multiplicidade constrói-se e evolui dentro de um processo constante de reformulações que fazem surgir novas vivências, novas máscaras, novas personagens.

O *homo duplex* é um ser histórico. Cada unidade construída é destruída e reelaborada dentro do processo de individuação. Toda tentativa de compreensão, portanto, deve apoiar-se nesse jogo de contradições constantes: "Encontramos, no âmago do problema do eu, as duas raízes de todas as antropocosmologias mágicas: o *duplo e a metamorfose*. De um lado, a dualidade primeva, a alteridade geradora de estrutura, o poder divisor; do outro lado, o poder metamórfico, seja por *mimesis,* seja por *poiesis*"[51].

---

51. MORIN. *Le vif du sujet.* Paris: Le Seuil, 1969, p. 157.

Alteridade e transformação são ao mesmo tempo superadas e expressas através da obra: a fala, "a mais geral de todas as obras do homem"[52], e a obra de arte, através da qual o homem a si mesmo se cria e se transcende.

---

52. JASPERS, K. *Psicopatologia geral.* Rio de Janeiro: Ateneu, 1973, vol. I, p. 349.

6. A Fala

"Verbo e conflito são a mesma coisa".
Heidegger[1]

- -

Tanto a necessidade de colocar-se perante o outro, de integrá-lo, de superar a antinomia identidade-alteridade, quanto a conscientização do sentimento de estranheza, levam ao afã de compreender, explicitar, formular a situação do ser no mundo.

A compreensão é uma característica essencial do existir humano, já que o seu objetivo é revelar até que ponto do seu ser o existente se encontra consigo mesmo. A explicitação decorre então como desenvolvimento da compreensão. Compreender o mundo é interpretá-lo. Entendê-lo é elaborar um conjunto de signos, de símbolos, que lhe deem significação humana, poder-se-ia dizer até vocação humana, dimensão humana.

Ao descrever o mundo, o homem retrata-se a si próprio. O contemporâneo interesse pela epistemologia, ilustrado em termos de filosofia da ciência por Bachelard, e operacionalizado no campo da psicologia por Piaget, focaliza claramente essa dupla função de interpretação do mundo: o mundo é criado pelo homem, através de um conjunto de significações, que fazem do mundo a imagem do homem. Numa operação inversa, a descrição do mundo pode ser tomada como ponto de partida para a descrição do homem.

O homem cria o mundo à sua imagem e semelhança. Não o explica apenas, como também o organiza, pois os símbolos que elabora

---

1. HEIDEGGER, M. *Introduction à la Métaphysique*. Paris: PUF, 1958, p. 72.

para descrevê-lo vão servir para dominá-lo. Eis a profunda ambiguidade do relacionamento que o homem estabelece com o mundo e consigo próprio. Constrói sistemas simbólicos que têm a propriedade de transformar o real imediato em conjunto de abstrações, mas essa transfiguração é requisito indispensável para atuar sobre a realidade.

A função simbólica configura a própria dimensão da integração homem-mundo. A fala, o discurso, enuncia a explicitação, formula a revelação da realidade humana que postula, para existir, a assunção da sua realidade. É aquilo que Aristóteles chamava o Λόγος ἀποφάντικος, o discurso que revela aquilo de que se fala.

Para Heidegger, "o discurso situa-se no mesmo nível existencial original que o sentimento da situação e da compreensão... Enquanto compreensível no modo do sentimento da situação, o ser no mundo exprime-se pelo discurso"[2]. O discurso e a sua manifestação, a fala, são um aspecto integrante da revelação do ser no mundo como tal. A consciência de realidade implica na compreensão, na explicitação e no enunciado. O discurso, então, apresenta-se como meio de revelar a ambiguidade do ser no mundo, buscando superá-la sob o aguilhão da angústia, alcançando certo equilíbrio num sistema de tensões.

A função da linguagem, portanto, não é apenas comunicativa. É a pura revelação da situação de um ente que existe em si e para os outros, como singular e idêntico, como um feixe de contrários, cuja síntese é constantemente destruída. Na *Fenomenologia do espírito,* Hegel aponta para a especificidade da linguagem como enunciado do ser: "A linguagem contém o Eu em sua pureza; apenas ela enuncia o Eu, o próprio Eu"[3].

O discurso deve ser então considerado em suas várias funções. Como expressão da situação, a linguagem é criação e organização do mundo. Poder-se-ia falar, nesse sentido, de função demiúrgica da palavra. Os mitos de criação do mundo, seja qual for a sua origem, deixam claro este aspecto. É Brama surgindo da flor de lótus oriunda do

---

2. HEIDEGGER, M. *L'être et le temps.* Paris: Gallimard, 1964, p. 199.

3. HEGEL. *La Phénomenologie de l'esprit.* Paris: Aubier Montaigne, vol. 2, p. 69.

umbigo da Vishnu, com os Vedas na mão: o Livro Sagrado é contemporâneo do universo. Nasce juntamente com ele.

As religiões semíticas descrevem um estado indiferenciado da matéria, que um demiurgo ordena, dando nome aos elementos, e assim transforma o caos em cosmos. O poema babilônico *Enuma Elish* bem mostra que a organização do mundo é feita mediante a atribuição do nome:

> *"Quando, em cima, o céu ainda não recebera o nome, embaixo, a terra não fora ainda nomeada [...] No tempo em que, dos deuses, nenhum fora criado, nenhum chamado pelo nome..."*[4]

Para os antigos egípcios, "o órgão da criação é a boca, que nomeia todas as coisas"[5]. No *Rigveda,* a fala é apresentada como imagem materna, que contém o universo dentro de si: "Da palavra vivem todos os deuses; da palavra vivem os gênios, os animais e os homens... a palavra é a imperecível, primogênita da lei, *rta*[6], mãe dos vedas, umbigo da imortalidade"[7].

Será necessário, ainda, lembrar *João,* 1,1-4?

> *"No princípio era o Verbo, e o Verbo estava com Deus, e o Verbo era Deus.*
>
> *Ele estava no princípio com Deus.*
>
> *Todas as coisas foram feitas por intermédio dele, e sem ele nada do que foi feito se fez.*
>
> *A vida estava nele, e a vida era a luz dos homens".*

---

4. VAN DER LEEUW. *La religion.* [s.l.]: [s.e.], [s.d.], p. 567.

5. Ibid., p. 413.

6. Rta "é a estrutura normal, descansando na legalidade e a regularidade, logo natural e verdadeira, de tudo o que acontece no cosmos, no mundo, no meio humano e no ritual". GONDA, J. *Les religions de l'Inde — Védisme et hindouisme ancien.* Paris: Payot, 1962, p. 99.

7. VAN DER LEEUW. Op. cit., p. 415.

Dentro do pensamento mítico, a palavra do homem é um aspecto da fala divina. Nas preces, nas invocações, na repetição de palavras rituais, na leitura dos textos sagrados, o homem participa da obra divina de criação e recriação incessante do mundo. Criar ou revelar o mundo tornam-se equivalentes. Dessa dupla operação a linguagem é testemunha. O pensador alemão Wilhelm Von Humboldt, no princípio do século XIX, inicia uma reflexão sobre a linguagem, da qual a moderna psicolinguística é devedora, e aponta como fundamental a função demiúrgica do verbo: "Torna-se claro que as línguas não são em verdade o meio de expor a verdade já conhecida, mas, pelo contrário, de descobrir a verdade antes oculta. O que distingue as línguas não são os signos e os sons, mas sim as próprias visões do mundo"[8].

Para cada cultura, a língua exprime o mundo próprio, nos seus conteúdos, nos seus significados e na sua estrutura. Da mesma maneira, a fala do indivíduo exprime a organização do seu mundo, constantemente criado, questionado, ameaçado e reconstruído.

No desejo de encontrar meios de acesso ao mundo próprio do indivíduo, a investigação da fala pode ser uma chave para a compreensão de determinadas estruturas e a eventual identificação de certos quadros de diagnóstico. A função demiúrgica não é senão a poética, no sentido original de ποιεῖν, fazer. A análise e observação da fala abrem portanto um caminho privilegiado à investigação clínica.

Através da linguagem poder-se-á alcançar a especificidade de certos mundos mórbidos. Não apenas das afasias, que mais pertencem ao âmbito neurológico e psiquiátrico, mas também das perturbações típicas tais como a esquizofasia, ou das modalidades peculiares da expressão das vivências esquizoides ou epileptoides.

A escola iniciada por F. Minkowska dedica-se à identificação de características de estilo. A *Spaltung* bleuleriana, típica de processo dissociativo, revela-se na confusão de conceitos e coisas, nos temas da rachadura e da petrificação. Y. Rispal, observando a estrutura da narrati-

---

8. CASSIRER, E. *La philosophie des formes symboliques — 1. Le langage.* Paris: Minuit, 1972, p. 107.

va, nos *Cantos de Maldoror,* de Lautréamont, mostra que a mesma vai modificando-se, de acordo com a instalação de um processo esquizoide. O acúmulo de verbos no Canto I, que expressam exclusivamente um contato agressivo, dilacerante, com a realidade, vai sendo substituído por substantivos, que revelam a diluição do ser ou a sua petrificação[9].

Da mesma maneira, a vivência gliscroide, ou epileptoide, transparece através do ritmo da narrativa de Dostoiewski. Caótico, iterativo, redundante, mostra viscosidade e perseverança. Os temas também são típicos. A queda, a ligação, a explosão, aparecem de modo constante[10].

Trabalhos bem mais recentes passam a preocupar-se com a estrutura da fala como critério de diagnóstico. Acompanhando o desenvolvimento da psicolinguística e da linguística estrutural, tais investigações procuram analisar o comportamento verbal como tal, sem apoiar-se em temáticas, como faz a escola de Minkowska.

Gori[11] parte de Jakobson para observar que as diversas funções da linguagem são evidenciadas de acordo com o grupo nosológico ao qual pertence o indivíduo. O discurso do histérico apresenta enunciados "saturados" em funções emotiva, conativa e fática, pois ele se preocupa com a sua imagem e tenta manipular a situação de teste para saber o que o observador pensa a seu respeito. O neurótico obsessivo, ao fazer o T.A.T., por exemplo, manter-se-á em nível de pura descrição, predominando a função referencial do discurso, ao passo que o psicótico expressará a liberação do seu mundo imaginário, emitindo mensagens "saturadas" em função poética e metalinguística.

Utilizando o modelo fornecido por G. Guillaume[12], a respeito da distinção entre tempo imanente e transcendente, Augras mostra que a

---

9. RISPAL, Y. *"Le Monde de Lautréamont à travers l'étude du langage"*. *Cahier du Groupe d'Etudes Française Minkowska.* Paris, p.7-50, oct. 1962.

10. AUGRAS, M. "A vivência disrítmica na obra literária – Dostoiewski e Strindberg"in: *A dimensão simbólica.* Rio de Janeiro: FGV, 1957, p.172-180.

11. GORI, R. & POINSO. Y. *"Projet d'une approche psycholinguistique du T.A.T. Bull. Psychol.* Paris, n. 292, XXIV, 1970-1971, p.12-15, p. 713-717.

12. GUILLAUME, G., "Immanence et transcendance dans les catégories du verbe". *Essais sur le langage.* Paris: Minuit, 1969, p.205-225.

frequência do uso dos tempos verbais em protocolo de teste de relato pode ser utilizada como critério de diagnóstico[13].

É muito promissora também a contribuição da estilística, no campo da linguística estatística, que procura levantar a frequência de uso de determinadas palavras ou configurações, dentro de diversos grupos linguísticos. Não parece haver dúvida que ali se encontra o caminho mais seguro para a objetivação em termos de normas, da avaliação do *idioleta* (estilo próprio do indivíduo) em relação ao *grau zero* da retórica[14]. No entanto, no estado atual das investigações, não se dispõe das informações suficientes, para o estabelecimento de um cadastro linguístico, que permitiria situar o comportamento estilístico como desvio da norma e criação individual.

Nessa perspectiva, o estudo da linguagem afigura-se como fonte de parâmetros para uma avaliação fidedigna da situação do indivíduo dentro do seu mundo, ou seja, o estabelecimento de um dignóstico.

Como função de estruturação dinâmica, de integração dialética das tensões inerentes à situação do ser no mundo, a linguagem propõe também algoritmos de equílibração. Tentando assumir o manifestado conjuntamente com o dissimulado, a realidade interna com a realidade circundante, a linguagem revela-se em sua função mediadora.

Mediação no sentido hegeliano, como meio de revelar as tensões e integrá-las, mas também, no plano psicológico, o discurso como elemento de comunicação, como fonte de encontro do outro e, através deste processo, de si próprio.

Expressão da função simbólica, a linguagem situa-se entre real e irreal. Permite manipular o mundo através da abstração. O mundo apreendido e elaborado pela percepção é irrealizado sob forma de conceitos, que fundamentam a atuação própria do homem. O exemplo mais óbvio desse caráter paradoxal da função simbólica, que consiste

---

13. AUGRAS, M. "Um modelo para objetivação dos testes de relatos". *Arquivos Brasileiros de Psicologia Aplicada*. Rio de Janeiro, 28(2): p. 3-27, abr./jun. 1976.

14. GUIRAUD, P. *Problèmes et méthodes de la statistique linguistique*. Paris: PUF, 1960, 145 p.

em estabelecer relações irreais para permitir a adaptação do homem à realidade, é encontrado na linguagem matemática, e em tudo aquilo que une a ciência à técnica. Os cálculos antecipam a ação. Pisar na lua é apenas mero decorrente de toda uma empresa intelectual. Tudo já aconteceu antes, através dos cálculos. A abstração precede a realização. A operação formal determina a operação concreta.

Cassirer considera que a linguagem, definida como a ferramenta própria para abstrair o mundo e manipulá-lo, opera a mediação entre real e irreal, permitindo o acesso ao mundo dos objetos. O utensílio, cujo conceito antecede a fabricação, objetiva essa função. O objeto fabricado é designado, nomeado, desenhado. A palavra da moda – *design* – bem parece expressar toda essa complexidade. O conceito precede o objeto. A fala torna possível o mundo. "É em si mediadora na formação dos objetos; em certo sentido, é o mediador privilegiado, o instrumento mais importante e mais precioso para a conquista e para a construção de um verdadeiro mundo de objetos"[15].

O conceito, porém, não deve ser considerado como pura abstração. Para existir, necessita de suporte físico. A mediação entre mundo interno e externo é igualmente operada pelo elemento fonético. O som participa da natureza física, mas é ao mesmo tempo suporte para o conceito. É através da materialidade que se apreende a abstração. Poder-se-ia imaginar então um *continuum,* tendo numa das extremidades o elemento fonético, mediador entre o aspecto material e espiritual da linguagem, e na outra, a função simbólica, em termos de manipulação abstrata do mundo material. Talvez fosse mais adequado, nesse caso, falar de um círculo, pois ambas as extremidades do *continuum* mutuamente se determinam. Todos os componentes da linguagem entrariam nesse *continuum,* desde o movimento de articulação retórica das partes de um discurso determinado, até a construção de cada frase e a manipulação de cada conceito.

Tal perspectiva permitiria formular mais adequadamente a avaliação de certos transtornos. É por exemplo o tratamento dado ao diag-

---

15. CASSIRER, E. *"Le langage et la construction du monde des objets".* *Essais sur le langage.* [s.l.]: [s.e.], [s.d.], p. 45.

nóstico de oligofrenia por dois autores, Ph. Laurent e A. Philonenko, que se apoiam no conceito de construção do mundo dos objetos, elaborado por Cassirer a partir de Von Humboldt. Em sua tese, *O débil mental no mundo do trabalho*[16], mostram que, na maioria das vezes, oligofrenia significa *deficit* na área das operações formais. Uma cultura totalmente orientada para a valorização da manipulação abstrata e racional do mundo, como é a nossa, rejeita aquela que não consegue alcançar o grau desejado de despojamento simbólico. No entanto, os autores observaram que indivíduos classificados como débeis, a partir desse critério, são capazes de desempenhos altamente satisfatórios em tarefas de cunho concreto. Os testes clássicos de inteligência, tais como as Baterias de Wechsler e todas as provas ditas de "Fator G", foram elaborados a partir do pressuposto "formal". Ou seja, procuram avaliar se o indivíduo alcança o desempenho desejado em termos de abstração e combinação, e portanto só fazem apontar para o *deficit* simbólico. Dizem o que o indivíduo não faz, em vez de informar acerca das suas capacidades. O deficitário em operações formais não pode criar o mundo dos objetos, mas pode muito bem manipulá-lo praticamente. Nesse caso, porém, a falha do pensamento abstrato é considerada como sinônimo de funda inadaptação ao mundo.

No caso das afasias e agnosias, coube a K. Goldstein mostrar que são diversos os níveis de perturbação e, corolariamente, de integração. A perda do significado é compensada por condutas que buscam reencontrar a orientação dentro do mundo.

Os défices, intelectuais tampouco são globais. A simples manipulação do objeto, a sua definição pelo uso, consideradas classicamente como típicas de uma fase ainda primária de desenvolvimento, já representam certo nível de abstração, intrínseco ao próprio reconhecimento do objeto como utensílio. O mundo humano, mundo de objetos e de conceitos, é simbólico por essência. Provas adequadas à avaliação do desenvolvimento intelectual deveriam levar em conta as diversas modalidades de orientação dentro do mundo simbólico. Um bom modelo

---

16. LAURENT, Ph. & PHILONENKO, A. "Le débile mental dans le monde du travail". *Revue de Psychologie Appliquée*, Paris, 19.

é fornecido pelos testes elaborados por Gelb, Goldstein e Scheerer, para estudo das agnosias.

O diagnóstico de oligofrenia a partir das provas tradicionais vale apenas para apontar as falhas de manipulação abstrata do mundo. Deixa de lado as imensas possibilidades de adaptação do indivíduo, ainda que carente, e assim contribui para o seu afastamento do mundo. Os autores sugerem em consequência uma série de reformulações para o exame e para a reintegração do "débil simbólico".

A linguagem foi considerada aqui sobretudo em seus aspectos simbólicos, que a fazem criadora do mundo e mediadora. Mas, na sua dimensão de fala, a linguagem é antes de mais nada comunicativa. Como bem escreve Lacan, "mesmo que nada comunique, o discurso representa a existência da comunicação; mesmo que negue a evidência, afirma que a palavra constitui a verdade; mesmo que se destine a enganar, especula na fé e no testemunho"[17].

A fala enuncia o encontro. Na medida em que o indivíduo se expressa, a sua intencionalidade é sempre comunicativa, porque a expressão implica a compreensão da coexistência. A função da mediação entre o eu e o outro articula a compreensão deste mundo revelado na interação.

Na situação do encontro em psicologia clínica, o elemento de informação para fins de diagnóstico é precisamente a fala do cliente, em todas as suas manifestações. A situação da fala supõe duas vertentes: fala-se e ouve-se. Em ambos os casos, testemunha-se. O registro feito pelo psicólogo da fala do cliente, quer seja o relato razoavelmente espontâneo obtido na entrevista, ou o conjunto das respostas a determinados estímulos que constituem o aparato instrumental próprio da sua profissão, é o material básico que fundamenta a compreensão do "caso". É a materialização do encontro, o testemunho da situação. Do ponto de vista fenomenológico, não se trata do registro simbólico de uma interação que se estabeleceu, mas, sim, representa um aspecto in-

---

17. LACAN, J. "Fonction et Champ de la parole et du langage en psychanalyse". *Ecrits I*. Paris: Le Seuil, 1966, p. 128.

tegrante de um encontro enquanto falado A hermenêutica da situação, apoiada na abertura da fala, fica também sujeita a todos os erros, a todos os perigos do falso testemunho.

O discurso abre caminho para todas as incompreensões, os balbucios, os contrassensos. Ao investigar a fala, é preciso também interrogar o seu poder de falácia, pensar no que representa a perda, a diluição, a falha dentro da linguagem. Se dentro do encontro há lugar para todos os desencontros, e se dentro dos desencontros está incluído o encontro, se a linguagem mentirosa ainda é testemunho, como avaliar a fala que falha, e decai?

A linguagem como obscurecimento pode ser colocada em termos de inautenticidade, como faz Heidegger: é o falatório, o palavrório, a possibilidade de tudo descrever sem nada alcançar, própria da dissimulação, que é ocultação e simulação. Mas será que a dissimulação não é também reveladora?

Na entrevista clínica, o cliente fala, distorce, esquece, dissimula fantasia. Mas a escolha do disfarce é por si reveladora. A máscara aponta, exibe. A hermenêutica do discurso que já se apresenta como fracasso e um meio de acesso às contradições da situação do ser no mundo. A falha do discurso é também discurso. Um caminho para se chegar à verdade, já que a fala, tal como o existir, se situa dentro da verdade e da não verdade.

Um preconceito bastante difundido entre os psicólogos diz respeito à validade da entrevista. Parte-se do pressuposto de que o cliente traz a sua problemática para resolvê-la, e que, portanto, tem o maior interesse em contar toda a verdade. Ora, se o cliente tivesse condições de ver-se em toda a plenitude da sua verdade, para que precisaria do psicólogo? Nesse caso, não seria nem doente, nem sequer desajustado. Neuroses e comportamentos perturbados podem ser interpretados como expressão da incapacidade de o indivíduo contemplar-se a si próprio e aceitar o outro dentro de si como parte da sua realidade. Poder-se-ia dizer que a procura de uma ajuda junto ao psicólogo é busca de apoio para identificar e aceitar a verdade pessoal.

Fazem parte da situação, portanto, a dissimulação e o disfarce. Na entrevista, nem sempre o cliente está disposto a despir-se. Além do encobrimento, atuam também mil condicionamentos sociais. Falar sem rodeios da própria vida sexual não é tão fácil quanto parece pensar o psicólogo que logo rotula de "resistência" a mínima demora do paciente em entregar-se. Relatar os temores, as fantasias, as aspirações íntimas requer um despojamento difícil de ser conseguido num primeiro encontro. Por isso é frequente o psicólogo recorrer a uma sucessão de entrevistas para, aos poucos, conseguir um certo relaxamento, ou certo nível de bom relacionamento (o mítico *rapport)* que permita a reprodução das informações consideradas relevantes.

Todos sabem contudo que o silêncio, a reticência, são tão expressivos quanto as palavras. Mas poucos parecem admitir que a mentira deliberada possa revelar a verdade. Muitas vezes, o cliente contradiz-se. Grande é, então, a tentação de apontar-lhe as próprias contradições, ou recorrer a outros testemunhos através de entrevistas complementares com parentes. Não raro o psicólogo sentir-se-á logrado, quiçá culpado, se não conseguir obter um quadro coerente e racional dos fatos. Mas será que a vida é racional e a verdade coerente?

Dentro de uma perspectiva fundamentada na dialética do existir, a tensão dos opostos, o equilíbrio constantemente ameaçado e restabelecido representam a especificidade da situação do ser no mundo. Se as informações fornecidas forem contraditórias, não devem por isso ser desprezadas. Pelo contrário, é no esforço de síntese que o psicólogo terá a maior chance de compreender a verdade do indivíduo. Claro que isso supõe, por parte do profissional, bastante liberdade e integração para aceitar as suas próprias contradições e encarar a sua própria verdade. As discrepâncias da fala do cliente serão então reconhecidas como eco do próprio discurso tumultuado.

Não é por acaso que, ao comentar Heráclito em sua *Introdução à Metafísica,* Heidegger chega a escrever: *"Logos e Pólemos* são a mesma coisa". O discurso é a mesma coisa que o conflito. A fala, como enunciado da explicitação da compreensão situacional do ser no mundo revela dentro de si a luta necessária. Tal como nos velhos mitos, afirma-se a função demiúrgica que, para organizar o cosmos, exige a presença do caos.

O questionamento da fala do cliente supõe a preocupação com o discurso do psicólogo, que tenciona devolver-lhe o significado verdadeiro do seu mundo. Se o cliente pode dar dele mesmo falso testemunho, revelando-se na distorção, o que dizer do testemunho da outra vertente do encontro?

Está colocado o problema da compreensão e da interpretação, em termos de diagnóstico. No campo da psicopatologia, Jaspers foi o primeiro a situar as *leis fundamentais da compreensão psicológica*[18], reconhecimento às características "não científicas" do processo compreensivo: a compreensão empírica é interpretação de fenômenos; toda compreensão realiza-se dentro do "círculo hermenêutico" que se movimenta dos fatos particulares ao todo, onde se incluem, e do todo para os fatos específicos, de tal maneira que "nunca há solo firme definitivo"; toda compreensibilidade move-se em contrastes, ou seja, "aquilo que se contrapõe é, igualmente, compreensível"; a compreensão é "inconclusiva", pois esbarra nos limites da existência e da liberdade existencial; todos os fenômenos são infinitamente interpretáveis e reinterpretáveis; "o compreensível pode não só revelar-se mas também ocultar-se no fenômeno", ou seja, a compreensão é sempre ambígua, "é iluminação ou desmascaramento".

A compreensão supõe portanto o reconhecimento prévio da ambiguidade e da insegurança de toda interpretação. Jamais se pode dizer em que medida a compreensibilidade está no fenômeno ou no observador. Será confessar que a compreensão não pode ser objetiva? Parece que a objetividade, no caso da psicologia, só se encontra no reconhecimento dessa ambiguidade, que a fundamenta na intersubjetividade. Somente a fenomenologia permite superar o paradoxo da compreensão, mostrando que *compreender não é modo de conhecimento, é modo de ser.* "Aquilo que fora paradoxo – o fato de o interpretador fazer parte do seu objeto – torna-se traço ontológico"[19]. A compreensão da situação é uma hermenêutica.

---

18. JASPERS, K., *Psicopatologia geral.* Rio de Janeiro: Ateneu, 1973, p. 424s.

19. RICOEUR, P. *Le conflit des interpretations.* Paris: Le Seuil. 1969, p. 13.

Importante é ressaltar a pluridimensionalidade das interpretações possíveis. A formação do psicólogo clínico geralmente não lhe facilita a abertura nesse sentido. É que em muitos aspectos a formação clínica permanece tributária do enfoque psicanalítico, que é antagônico da posição fenomenológica. Com efeito, a fenomenologia postula a compreensão do manifestado a partir da vivência do hermeneuta, corolária da impossibilidade de esgotar o reino infinito da realidade.

A interpretação freudiana por seu lado assegura que as palavras e os atos sempre significam outra coisa além do manifestado[20]. É isso que Ricoeur chama de "exercício da suspeita". Para retomar as palavras de Jaspers, a interpretação psicanalítica é sempre e apenas desmascaramento. Embora Freud tenha diversas vezes insistido na plurideterminação do símbolo, observa-se geralmente a utilização de um registro constante, codificação estrita daquela Língua Fundamental *(Grundsprache)* postulada por Schreber, que converte o entendimento em exegese reducionista. Surgem então os casos tão frequentes de interpretações que, embora se pretendam "dinâmicas", encerram as vivências peculiares de indivíduos singulares num elenco de estereótipos. Ao lado do estudo do discurso mórbido, haveria lugar para a patologia do jargão clínico. O exercício da suspeita não se limita ao desmascaramento. Transforma-se então em falseamento, construindo um sistema opaco que afasta cada vez mais da realidade e da verdade do sujeito. Chega-se longe da interpretação entendida, conforme Dilthey, como "arte de compreender as manifestações da vida"[21]. O medo da própria subjetividade, geralmente apresentado como "cuidado para não se projetar", nega a abertura para a vivência pessoal, que a fenomenologia considera o único ponto de partida para a compreensão.

Admitir restrições da compreensão supõe confessar os próprios limites. A onipotência do interpretador que julga possuir as chaves vem dar na impotência do entendimento. Reconhecer que "nunca há solo firme definitivo" é o primeiro passo no sentido do conhecimento objetivo. "A porta de entrada para a realidade da vivência primordial, rea-

---

20. AUGRAS, M. "A linguagem em psicologia clínica". *Arquivos Brasileiros de Psicologia Aplicada.* Rio de Janeiro, 28(3): p.3-17, jul.-set./1976.

21. Apud VAN DER LEEUW. Op cit., p. 660.

lidade em si inalcançável, é a significação, o *sentido,* o *meu* e o *seu* quando se tornam irrevogavelmente um só no ato da compreensão"[22]. O caminho para o conhecimento do cliente passa pelo autoconhecimento do psicólogo. Evidência talvez esquecida. Reconhecer dentro de si limites e contradições permite então partir para a compreensão, limitada, das contradições do outro. Deste modo, o discurso, pleno ou cheio de falhas, sempre significa a realidade. Num sentido metodológico, a hermenêutica da situação clínica poderia apoiar-se nos procedimentos de exegese dos mitos. Porque a história que o cliente traz, com o seu mundo próprio, com os seus significados específicos, com o seu distanciamento – às vezes muito grande – da cronologia objetiva, com a valorização de determinadas figuras e episódios, tudo isso pode ser considerado como um relato mítico individual. A análise da linguagem considerada como criação do mundo permite também apreciar o testemunho do cliente como um elenco de imagens, cujo significado pode ser apreendido, mediante o conhecimento dos próprios mitos do hermeneuta.

Os procedimentos da compreensão dos mitos poderão então ser aplicados às imagens individuais. O modelo mítico apresenta grande superioridade sobre os modelos de interpretação geralmente aceitos em psicologia clínica: é irracional. Ou melhor dizendo, transcende a racionalidade e a irracionalidade. Os estudiosos dos mitos observam que o mito é o meio de dizer o indizível, imaginar o insondável, descrever o mistério que encerra, no mesmo tema, significados contraditórios. Nesse aspecto, é a expressão mais fiel do mundo da vida (Lebenswelt) que, conforme Dilthey, as ciências do espírito tentam abarcar.

O relato feito pelo cliente então passará a ser considerado como obra mítica, revelando a peculiaridade das suas vivências. Superando as dúvidas em relação à sua validade, poder-se-á concluir o mesmo que Heráclito observara, em relação ao dito mítico: "não explica, nem oculta, mas faz sentido"[23].

---

22. Ibid., p. 656.

23. "οὔτε λέγει οὔτε κρύπτει ἀλλά σημαίνει", apud RICOEUR, P. *De l'interprétation.* Paris: Le Seuil, 1965, p 27.

7. A Obra

*"Queira a transformação [...] através
da criação serena, que amiúde com o
início termina e com o fim começa".*
Rilke[1]

O exame das diversas dimensões do ser no mundo levou à afirmação de que o mundo é construído: espaço e tempo são criações do homem, que dispõe da fala para tentar a superação da estranheza. Nesse sentido, pode-se dizer que o mundo é obra do homem. Trata-se, contudo, de obra implícita, de um fazer contínuo que nada mais é do que o próprio processo da vida.

É mister, agora, examinar a obra explícita. O feito que ultrapassa as exigências do viver imediato e se propõe deliberadamente a criar um mundo paralelo ao da vivência cotidiana. Esse novo universo não terá estrutura diferente, pois ambos expressam o mesmo ser no mundo. Talvez a obra deliberada possua feições mais nítidas e conduza mensagens mais claras do que a obra implícita da vida. Com efeito, uma é o esclarecer da outra, e, ao longo deste ensaio, foi a análise de obras explícitas que serviu de aproximação para a compreensão existencial.

Importa ainda examinar a obra explícita, não mais como modelo para a hermenêutica das dimensões existenciais, mas no seu processo, no seu fazer-se, que assume a criação do mundo e, dessa maneira, afirma uma vontade de transmutação.

---

1. "Wolle die Wandlung [...] durch das heiter Geschaffne, das mit Anfang oft schliesst und mit Ende beginnt", RILKE, R.M. *Les elegies de Duino — Les sonnets à Orphée.* [s.l.]: [s.e.], [s.d.], p. 161.

"Queira a transformação", diz Orfeu na voz do poeta. À evolução biológica, à história, superponha a liberdade. Metamorfoseie-se naquilo que é.

Nesse ponto a alteridade deixa de ser sofrida como ameaça ou obstáculo. Passa a ser desejada como passo necessário no caminho da realização de si. A obra é imagem do mundo. O produzir da obra é a construção do homem.

Os mitos cosmogônicos nunca falam de criação *ex nihilo*. Antes da ação do demiurgo, já existia algo, nem que fosse o caos. Até mesmo o *Popol Vuh,* o livro do Conselho dos Maias, ao afirmar que nada havia antes da criação, descreve:

"Tudo estava invisível, tudo imóvel no céu. Não havia construção. Somente a água limitada, somente o mar calmo, só, limitado. Nada existia. Somente a imobilidade, o silêncio, nas trevas, na noite. Sós, os Construtores, os Formadores, os Dominadores, os Poderosos do Céu, os Parituros, os Genitores, estavam sobre a água, luz derramada"[2].

Observa-se que as características do caos são o silêncio e a imobilidade. A criação vai ser palavra e movimento, significação e mudança.

No mito maia, como no babilônico, é o *Logos* que cria o mundo: "Então veio a Palavra". Os deuses criam os seres vivos, organizam o universo e, no fim, fazem o homem. No *Popol Vuh,* os deuses não conseguem de imediato produzir o homem. Várias tentativas são necessárias. O homem surge no fim de uma série de fracassos. É tão sábio que os próprios deuses ficam receosos do seu poder, e tal como no Gênesis[3] acabam degredando-o.

Mircea Eliade observa que é frequente o tema do homem primordial, perto da perfeição, que decai, *tornando-se* mortal, frágil, ameaçado. O anseio de transformar o mundo justifica-se então pelo desejo da

---

2. BAUDOT, G. *Les lettres précolombiennes.* Toulouse: Privat, 1976, p. 191.

3. "Então disse o Senhor Deus: Eis que o homem se tornou como um de nós, conhecedor do bem e do mal; assim, para que não estenda a mão, e tome também da árvore da vida, e coma, e viva eternamente: O Senhor Deus, por isso, o lançou fora do jardim do Éden". Gn 3,22-23.

retomada do poder perdido. Isso leva o homem a enfrentar o ciúme dos deuses.

É o castigo de Prometeu, a dilaceração de Orfeu. Aquele que heroicamente assume a transformação encontrará apenas lutas à sua frente.

Nos mitos cosmogônicos, a criação não é um ato realizado uma vez por todas. É um processo contínuo de lutas e de reconstruções. "Deus *cria* o mundo mas em seguida o mundo é várias vezes formado, mudado, no fundo "criado" não mais pelo deus criador [...] O cosmos e o homem são continuamente recriados e modificados"[4]. Daí a necessidade dos ritos de regeneração periódica do homem e do mundo. A estrutura cíclica do tempo mítico assegura a manutenção do processo de transformação, rechaçando o silêncio e a imobilidade do incriado. "Viver é conquistar o caos", diz Van Der Leeuw[5]. É um processo penoso, cheio de perigos e de conflitos. Muitos mitos contam a criação do mundo humano como um feito heroico, conquistado mediante guerras, até a organização do mundo é o resultado de uma retaliação. Depois de ter derrotado *Tiamât* e os seus exércitos, o herói babilônico *Marduk* corta o monstro em pedaços e a partir destes constrói o mundo. Em seguida, cria o homem. Mas, para animá-lo, é preciso o sangue de um deus. Um dos deuses vencidos no combate terá de ser sacrificado para dar vida a *Lullû,* o homem.

A criação é um processo tão doloroso que até deuses devem ser imolados. As lutas necessárias não são dirigidas apenas aos inimigos que queriam restabelecer o caos. No mito asteca do Quinto Sol, para que o sol viva, para que a transformação prossiga, "há matança de deuses, lá, em Teotihuacán"[6].

Toda criação requer uma destruição. Não apenas aniquilar as forças que se opõem ao processo, como é lógico. Mas também destruir aquilo que de melhor se propõe no mundo. As mais puras imagens de

---

4. ELIADE, M. *Fragments d'un journal.* Paris: Gallimard, 1973, p. 529-530.

5. VAN DER LEEUW. *La religion.*[s.l.]: [s.e.], [s.d.], p. 562.

6. BAUDOT. Op. cit., p. 77.

heróis e deuses, Quetzal-coatl, Osíris, Odin, Orfeu, Cristo, oferecem o sacrifício como modelo de transformação.

Os ritos de passagem das sociedades ditas primitivas evidenciam o caráter global, e irremediável, da mudança. Após a "iniciação", o novo membro do grupo dos adultos é considerado como outra pessoa, diferente do jovem que anteriormente fora. Os rituais de despedida do jovem antes da iniciação são frequentemente idênticos aos de luto. Morre um adolescente. O adulto que toma o seu lugar pouca relação tem com este. A função dos ritos de passagem evidencia, portanto, a ruptura entre o estado anterior e o atual. O indivíduo tornou-se outro. O mundo mudou. Não há transição de um *status* social para outro. Há passagem entre dois níveis diferentes do universo.

O que nos ritos das sociedades ditas primitivas aparece de modo concreto encontra-se, mais diluído talvez, no plano estético. O artista atua como criador de mundo. O pintor, o escultor, transportam o espectador a nova dimensão da realidade. O universo que propõem obedece às leis usuais da física, por apoiar-se em objeto concreto, mas ao mesmo tempo sugere a inserção de outro sistema de relações, sutis, intemporais, cujo significado não pode ser apreendido de imediato, mas precisa ser desvendado pelo espectador. Deste modo, o olhar do amador também participa da obra de criação. Cabe-lhe *reconhecer* o que de estranho se insinua na obra e *testemunhar* do surgimento desse novo universo.

O mesmo acontece em relação à poesia. O poeta oferece um arranjo de palavras que constitui uma mensagem nova, jamais encontrada antes pelo leitor, porém logo reconhecida como a expressão de uma vivência que poderia ser dele mesmo. A imagem poética "torna-se um novo ser da nossa linguagem, exprime-nos, transformando-nos naquilo que exprime, ou seja, é ao mesmo tempo um porvir de expressão e um porvir do nosso ser. Aqui a expressão cria o ser"[7].

A transmutação do mundo operada pelo artista provoca a transformação do assistente. Discreta ou insidiosa na arte clássica, a proposta

---

7. BACHELARD, G. *La poétique de l'espace*. Paris: PUF, 1974, p. 7.

de transformação adquiriu ares de escândalo na época moderna. Deixa-se então de falar em transfiguração do real para situar a arte em termos de denúncia da ordem estabelecida. Picasso dizia que a "arte é subversiva"[8], por ser antagônica da percepção comum. Da mesma maneira que a magia tenta criar um outro mundo não submetido às leis de Deus[9], a arte substitui-se à natureza. É a proposta de Picasso: "devemo-nos pôr no lugar da natureza, e não depender das informações que ela nos oferece"[10].

O artista é um demiurgo, que decide soberanamente dos rumos que o mundo deverá tomar. Criar é ato de liberdade. Mas esse novo mundo permaneceria inalcançável em sua novidade, se não contivesse uma mensagem que pudesse ser decifrada pelo espectador. A contemplação da obra de arte é também hermenêutica. A significação da obra está dentro do espectador. A obra desperta nele este significado, porque a transformação do mundo que ela vem propor é em última análise a transmutação do próprio espectador. Isto supõe que o mesmo, ao invés de escandalizar-se perante a provocação, aceite a oportunidade de contemplar nova paisagem, e com gratidão se entregue à nova imagem de si propiciada pela revelação estética. Compreender a obra de arte é abrir-se à própria liberdade.

Assim, o espectador assume a coautoria da obra, na medida em que se torne autor da sua liberdade. O artista age então como mediador, que, ao criar a obra, cria-se a si próprio e propicia o autorrreconhecimento do espectador.

Nesta ordem de ideias, a contemplação da obra não é descanso. É provação. Abre o acesso a um outro plano da realidade, e como nos ritos de iniciação, a passagem pela porta da obra pode ser muito perigosa. Quem se arrisca a transformar-se? Entre a aceitação da própria alteridade, que é condição de integração, e a vontade deliberada de vir a ser outro, há um fosso que a obra preenche.

---

8. GILOT, P. & LAKE, C. *A minha vida com Picasso*. São Paulo: Samambaia, [s.d.], p. 235.

9. AUGRAS, M. *A dimensão simbólica*. [s.l.]: [s.e.], [s.d.], p. 29s.

10. GILOT. op. cit., p. 322.

No plano da psicologia, Jung descreveu o processo de transformação em seus perigos e seus mecanismos de superação, particularmente a partir de seus estudos sobre a alquimia[11].

Com efeito, o *Opus Alchemicum,* a obra à qual se dedicaram tantos sábios da Idade Média até a Época Clássica, não consistia, como pensava o vulgo, na procura da riqueza através da descoberta da pedra filosofal. Visava isolar o princípio da energia contida em todos os objetos da natureza. Tal busca apoiava-se em doutrina esotérica que, em suas grandes linhas, postulava a degradação do mundo após a queda de Adão, e a necessidade de o sábio trabalhar e purificar-se para ajudar o universo na recuperação do paraíso perdido. O ouro dos alquimistas não era ouro comum, mas sim a perfeição do homem e do mundo. O objetivo da obra, pois, era a transformação do alquimista, do qual a transmutação dos metais era apenas a forma material.

Todo o processo da Obra, descrito nos tratados alquímicos através de um simbolismo rico e obscuro, consiste numa sucessão de transformações conjuntas do adepto e dos materiais que ele manipula. Isolar a energia requer a identificação, separação e união dos princípios contrários; a *matéria-prima* assim recriada é a origem de todas as coisas; para chegar ao estado de perfeição, será submetida a uma série de provações, que entre outros perigos incluem a morte e a putrefação. O eclodir da *pedra* será primeiro uma ressurreição.

Jung, apoiado numa ampla exegese dos escritos alquímicos, mostrou que os símbolos utilizados para explicitar a obra filosofal podiam ser compreendidos como descritivos das etapas de um processo de transformação anímica. Da mesma maneira que a transmutação material representava o caminho do homem para a perfeição, as imagens alquímicas podem ser consideradas como relato simbólico dos conflitos e dos perigos que o homem vem a enfrentar, no caminho do encontro com a sua realidade, isto é, o conjunto do seu ser.

Esclarecer a totalidade, eis o objetivo do processo de individuação. Obra jamais concluída, sempre recomeçada, pois o edificar-se

---

11. JUNG, C.G. *Psicologia y alquimia.* Buenos Aires: Santiago Rueder, 1957.

exige o atendimento às exigências internas e externas. O processo de individuação não é caminho para a clausura do ensimesmamento. Necessita abarcar o mundo para levar adiante a transformação. Do mesmo modo que, em nível fisiológico, o processo da saúde fora descrito como a atualização constante e recíproca do organismo e do meio, o trabalho de individuação inclui a natureza. Mas é uma natureza transfigurada, cujos significados se situam em novo plano de realidade. Assim é o processo de individuação essencialmente dialético. Tal como a contemplação da obra, é mais luta que descanso.

Desse ponto de vista, a obra de arte talvez se situe de modo privilegiado entre os processos transformadores do homem. No mesmo momento, induz o conflito e propõe uma solução. O espectador é provocado, adere, se descobre e se reconhece. Em seguida passa a testemunhar deste novo mundo revelado.

A obra de arte, diz Heidegger, "é a instigadora desta luta [...]. Por isso a calma da obra descansando em si mesma tem a sua essência na intimidade dessa luta"[12]. A plenitude da obra é proposta de conflito e assunção. A obra, deste modo, sintetiza todos os tipos até agora descritos de relacionamento homem-mundo. Fundamenta-se na cisão entre sujeito e objeto. É concreta e ao mesmo tempo abstrata. Introduz a alteridade. Fomenta o conflito. É linguagem além da fala, universo além do mundo.

As artes do espaço, arquitetura, escultura, pintura, dão novos sentidos às dimensões do mundo. A música, som e ritmo, sintetiza espaço e tempo. A dança integra o corpo. Mas, nessa ordem de ideias, a expressão mais completa da obra é a poesia, o próprio *fazer* (ποιεῖν) que utiliza a mais abstrata função de adaptação do homem ao mundo, a simbólica, para recriar o universo. No dizer do poeta, a poesia "*é absoluta criação*"[13], pois transcende a linguagem, que já por si só é manipulação abstrata do mundo dos objetos. Nesse sentido, talvez a obra

---

12. HEIDEGGER, M.. *"L'origine de l'oeuvre d'art"*. *Chemins qui ne mènent nulle part*. Paris: Gallimard, 1962, p. 38.

13. JOUVE, P.-J., apud BACHELARD. *La poétique de l'espace*. Paris: PUF, 1974, p. 13.

poética seja a expressão mais abrangente da criação. Porque a palavra cria espaço, tempo, anima seres, dá conta do sonhado tanto quanto do realizado. "O canto é existência", afirma Rilke em seus *Sonetos a Orfeu,* senhor da poesia lírica e da metamorfose.

Assim a obra se afirma como mais alta expressão do ser que nela cria um mundo e se cria a si próprio. Obedece "à necessidade que leva o homem a tomar consciência do mundo interior e exterior e dele fazer um objeto no qual se reconheça"[14].

Chegando neste ponto, de afirmação da obra como assunção da existência, o que a temática da transformação vem trazer para a compreensão da situação de diagnóstico?

Há lugar, no campo da psicologia clínica, para o exame do problema da obra patológica. Em certo sentido, e isso já foi abordado ao tratar da reconstrução do mundo após o cataclismo, todo delírio é obra. Exprime a atuação das forças ainda sãs, no esforço de explicar o inexplicável, dizer o indizível. A modalidade mórbida do discurso é uma tentativa de comunicação. Em sua essência, portanto, não possui outra função, e não utiliza recursos diversos daqueles que sustentam o discurso "normal". (É claro que se trata aqui do discurso, delirante e não das perturbações da fala.)

O mesmo acontece em relação à obra de arte. Vários artistas padeceram de perturbações psicóticas: será lícito falar em *arte psicopatológica?* Numa série de ensaios agrupados sob esse título, R. Volmat situa o problema e chega a examinar em particular as semelhanças entre a produção de doentes internados em hospital psiquiátrico e as obras dos surrealistas que, para um olhar ingênuo, se parecem bastante. Volmat conclui com J. Delay que "toda obra de arte é um compromisso entre a inspiração e a técnica, o inconsciente e o consciente, a parte do mago e a parte do artesão; nem os alienados nem os surrealistas escapam desse compromisso"[15]. Essa conclusão pode ser estendida às demais escolas contemporâneas.

---

14. HEGEL. *Esthétique.* Paris: PUF, 1954, p. 18.

15. VOLMAT, R. *L'art psychopathologique.* Paris: PUF, 1956, p. 235.

No entanto, é corriqueiro atribuir-se à doença um papel relevante na gênese de uma obra estética. Será que, sem neurose, Edgar Poe teria assim mesmo escrito os *Contos extraordinários?* As telas de Van Gogh apresentariam o mesmo movimento sem a presença da epilepsia? O que seria de Sá Carneiro sem a esquizofrenia? E assim por diante.

O enfoque existencial da obra como manifestação da liberdade opõe-se frontalmente a tais insinuações. A doença, quando muito, fornece uma temática, talvez aguce a sensibilidade, mas não cria. Poder-se-ia adiantar que talvez a genialidade esteja no fato de que uma pessoa comprovadamente doente consiga elaborar uma obra. A obra não se constitui por causa da doença, mas apesar desta. Na medida em que a psicose se vai afirmando, a obra empobrece e frequentemente cai na estereotipia. Ou, como no caso de Van Gogh e de Sá Carneiro, quando a obra se cala, é a morte que triunfa.

A obra de arte, como tal, nada diz sobre o patológico. Mas o propósito deste ensaio é precisamente a tentativa de libertar a situação de diagnóstico do referencial psicopatológico. E a obra, como se viu, tem muito o que contar sobre o modo de assumir as contradições do ser no mundo.

Os mitos cosmogônicos e o testemunho dos criadores levam à mesma conclusão: existir é transformar-se. A obra de arte realiza, revela e provoca a transmutação. Para a alquimia, em última análise, a Obra e a Pedra são a mesma coisa.

A compreensão, objetivo e meio do diagnóstico, é, em certo sentido, criação e obra. Cliente e psicólogo são os coautores do processo de diagnóstico, que busca apreender o indivíduo em sua realidade. Deste modo, a hermenêutica descreve os mesmos passos do conhecer da obra. O seu objetivo é fazer eclodir a verdade que reside dentro da obra da compreensão.

Integrando-se como etapa às vezes necessária do processo de autoconhecimento do cliente – o que se vem buscar no consultório, senão uma imagem de si? – o diagnóstico atua como passagem entre diversos níveis de realidade. Nesse caso, o modelo da transformação não se aplica apenas ao esclarecimento da situação do cliente, dos seus conflitos e dos seus mitos. O que conjuntamente acontece é o processo de evolução do próprio psicólogo, necessário à atuação hermenêutica.

Ao comentar em seu *Diário* os aspectos pessoais da interpretação dos mitos, Mircea Eliade observa que "o termo de *interpretações* não é preciso o bastante: trata-se de uma *transmutação* da pessoa que recebe, interpreta e assimila a revelação"[16]. Essa "hermenêutica criadora" só pode emergir e fundamentar-se na participação pessoal. A intersubjetividade afirma-se novamente como condição de conhecimento, mas o que se ressalta agora é o fato *da compreensão ser um processo de transformação* de duas subjetividades.

Nessa ordem de ideias, é todo o campo da psicologia que passa a ser entendido como *obra compreensiva do homem*. Haverá lugar, então, para uma tentativa de reformulação, que se apoie na fenomenologia da situação diagnóstica. Ser em transformação, a psicologia precisa encontrar, na análise do seu processo, os meios para chegar ao encontro da sua realidade.

Apoiar no cliente a procura da autenticidade requer do psicólogo que saiba igualmente residir dentro da própria verdade. Tal como a hermenêutica dos mitos, e a contemplação estética, a obra aberta da compreensão do existir humano necessita ser participação, transmutação e exercício da liberdade.

---

16. ELIADE, M. *Fragments d'un Journal.* [s.l.]: [s.e.], [s.d.], p. 547.

Conecte-se conosco:

f facebook.com/editoravozes

◉ @editoravozes

X @editora_vozes

▶ youtube.com/editoravozes

◉ +55 24 2233-9033

www.vozes.com.br

Conheça nossas lojas:

www.livrariavozes.com.br

Belo Horizonte – Brasília – Campinas – Cuiabá – Curitiba
Fortaleza – Juiz de Fora – Petrópolis – Recife – São Paulo

  Vozes de Bolso

EDITORA VOZES LTDA.
Rua Frei Luís, 100 – Centro – Cep 25689-900 – Petrópolis, RJ
Tel.: (24) 2233-9000 – E-mail: vendas@vozes.com.br